Money錢

Money錢

Money錢

Money錢

靠譜

人生突圍的 132條自我提升指南

侯小強——著

Money錢

獻給

我的父親侯國衡

我的母親趙蜀雲

目錄

自序 世間萬象 唯有認知最可貴 014

第1章 靠譜：成功的進階方法論

01／靠譜 就是不斷履行承諾 022
02／如何通過面試快速找到合適的工作？ 025
03／找導師是初入職場的第一件事 027
04／進入職場 問自己7個問題 028
05／認領工作任務時 需精準了解3重點 029
06／如何贏得主管信任？ 031
07／做好向上管理 形成對主管的影響力 033
08／靠譜的人 總會被看見 035
09／如何向老闆提升遷加薪？ 036
10／幫員工升遷加薪要謹慎 038
11／老闆想讓我取代主管嗎？ 039
12／年終獎金沒有預期高怎麼辦？ 041

13／中階主管要上下相容、左右協調 043
14／主管安排任務 必須精確表達 045
15／員工消極怠工 管理者該怎麼辦？ 046
16／如何看一個人可不可用？ 047
17／怎麼看待Z世代的員工？ 049
18／不要輕易跳槽 050
19／學會彙報壞消息 054
20／遠離辦公室政治 056
21／任何事情都要有始有終 057
22／做正確的事 比正確地做事重要 058
23／管理要有理、有節、有利 061
24／什麼人會成為優秀管理者？ 062
25／保守秘密是商業成功關鍵 064
26／能1分鐘完成的事 馬上去做 065
27／花三分之一時間在調查研究上 067

28／時間管理的9個原則 069
29／學會列清單 071
30／學會求助 072
31／學會遠離6種人 074
32／抱怨是慢性毒藥 075
33／正確說話的10個技巧 076
34／學會有效溝通、換位思考 079
35／被批評時不過多解釋 081
36／創業的10條準則 083

第2章 認知：人生的進階法則

01／不斷進化的12條人生原則 088
02／在不確定的迷霧中安全抵達目的地 099
03／變動思維 101

04／什麼樣的人容易成功？ 102
05／我理想的成功：敬天愛人、自利利他 105
06／不同認知 會看到不同風景 107
07／認知高的人 有8個特徵 109
08／認知低的人 總是隨機抓救命稻草 111
09／不要和認知不同的人辯解 113
10／市場永遠是正確的 114
11／做一個理性的感性主義者 115
12／做一個超級現實主義者 117
13／人生需要做好的5件事 118
14／人生的加減乘除 119
15／想「躺平」 要先想到夢醒之後 120
16／讓人疲於奔命的「精益求精」 122
17／盡心盡力 對自己負責 124
18／什麼是真正的能量？ 125

19／人生6力 一個都不能少 126
20／多數事情可以透過談判解決 128
21／同理心更高貴 129
22／惡意常常來自身邊的人 130
23／人們總在不安和不幸中選擇不幸 131
24／重複博弈中的善良 134
25／學會善良 但不要軟弱 136
26／你無法對抗變化 但可以提升自己 137
27／要有同時打贏兩隻怪獸的能力 139
28／每個學習念頭 都是未來的你在求救 140
29／逆境是人生的試金石 143
30／降外界龍 伏內心虎 144
31／告訴自己再堅持1天 145
32／明天會更好是一種信念 146
33／永遠不要嘲笑他人的夢想 147

34／三里之外有金山　148

第3章 成事：高手的能量法則

01／致「聰明人」　152
02／屢敗屢戰、終身成長的曾國藩　156
03／成長路上 只有無盡的孤獨　172
04／做高價值區的事是成功關鍵　174
05／你若勤勉 必將站在君王面前　176
06／資訊處理的8條原則　177
07／決策高手做容易的決策　181
08／要快速決策　186
09／要去現場決策　188
10／正確選擇的對立面 往往是容易　190
11／高手的3種思維　192

12／和流行事物保持高度連結 193
13／審美是天賦 更是訓練的結果 195
14／高情商者是天生的博弈高手 197
15／每個人都需要學會講故事 199
16／為自己拚盡全力 也別獨善其身 200
17／真正優秀的人常自以為非 202
18／多考慮利害 別想太多是非 204
19／接受不同觀點 才能成長得更快 205
20／關注排行榜 但不迷信它 207
21／一根火柴可以燒掉一座宮殿 211
22／機會不是偶然發生的機率 215
23／市場悲觀時更要冷靜以對 220
24／和用戶建立情感連結 才能打動人心 222
25／停損 而不是挽回損失 229
26／內戰外行 外戰內行 231

27／想做的事情 要做到極致 232
28／追求頂尖、追求極致 235
29／學會畫「象」 237
30／跨過絕望 你會更強大 239
31／錢和道一樣 可為人所用而不為人所有 241
32／花錢比賺錢更考驗人 245
33／你應該結交的12種朋友 246
34／提高日常生活的有效值 253
35／成為自己身體的專家 254

第4章 選擇：人生是一場修行

01／世界上最公平的事就是讀書 260
02／日行一善 263
03／保持謙卑 265

04／學會感謝信任你的人 266
05／練習打坐 與自己和解 268
06／幸福擁有3個能力 270
07／不要怠慢萬事萬物 272
08／人本質上是能量 273
09／人生覺醒 如西天取經 275
10／接受大家對你的冷漠 277
11／不要永遠深陷於一場大雪 278
12／真誠和善良是困境中的資源 279
13／所有付出 將以另外一種形式回來 280
14／和諧相處的秘密 281
15／永遠不要立「人設」 282
16／面對多數譭謗 無須辯解 284
17／如何在情感危機中保持平靜？ 285

18／如何面對多重危機的困境？ 287
19／創業是一次奇妙的旅行 289
20／面對創業焦慮的6種心態 291
21／一刻都別耽誤 儘快打贏戰鬥 294
22／走出原生家庭陰影 擁抱自己 297
23／接受生命中的不完美 298
24／正確的信仰 299
25／命運的選擇在於自己 300
26／每個當下就是天堂 301
27／花有花的綻放時刻 302
尾聲 一些常識 303
後記 付出足夠的努力 就是你的榮耀時刻 309

自序　世間萬象　唯有認知最可貴

多年來，我習慣在微博、朋友圈記錄心得。其中一條關於「靠譜」的解讀意外地被知乎平台熱轉，魏玲女士讀到後找我約稿。這就是本書的緣起。

我在答應出版本書後，寫作陷入了三年的停頓。一方面固然與創業艱辛有關，但更主要的原因是雖然自己的職場生涯可以追溯到二十餘年前，思考和總結的素材有六〇萬字之多，但我始終覺得積累得還不夠多。

決定重啟本書的寫作是二〇〇二年春節。在收到的諸多拜年短信中，有不少人提到我朋友圈的總結令他們受到啟發。這些人所在行業領域大不相同，不乏知名企業家和職業經理人，也有獨當一面的中流砥柱、初入職場的員工，甚至有「零零後」在校大學生。我突然覺得，如果我的這些總結，能夠以圖書的形式傳播，影響更多的人，應當是我對家庭和企業責任之外，又一項具有積極意義的使命。

之所以產生使命意識，首先是因為我想到了自己的職業生涯：二十九歲時擔任新浪網副總編輯，那時我主管的新浪博客，短時間內聲名鵲起，早在十七年前，日活躍用戶就創紀錄地達到千萬之巨；三十三歲應盛大創辦人陳天橋的邀請南下上海，六年時間與同事們一起，實現了盛大文學營收數十倍的增長，成為當時中國最負盛名的文化品牌之一；二〇一四年辭職創業，創辦諸神聯盟世界，出品或聯合出品的電影、電視劇專案獲得了不俗的市場表現，其中有兩部電影得到了奧斯卡提名。

從二十多歲的職場打工新兵到大家口中有些資歷的「明星員工」，從職業經理人到創業者，我迄今為止的人生跌宕起伏，有過巔峰時刻，當然也有過低潮時刻。有多少經驗，就有多少教訓。在過去多年的職場打拚和生活磨礪裡，我曾碰過釘子，交過學費，我不但是時代變遷和局勢變動的觀察者，更是品嚐過酸甜冷暖的親歷者。

因此我覺得，比起大多數職場圖書的創作者，我的每份喜悅，每次切膚之痛，都源自真實的體驗。紙上得來終覺淺，唯有一次次的攀登與摔倒，才讓我對人生有了更深邃的體會。如今，這些經歷帶來的思考，都毫無保留、不含任何吹噓地呈現出來，希望對讀者有益。

其次，不少職場圖書追求結構化，偏重艱深的理論，讀者有時無法讀完，進而將書束之高閣。而本書的創作特點是：層面較廣，常常是某種情況下的具體思考，並在此後多年裡被我不斷反覆思量、修正和優化，呈現出全面化或片段式的狀態，相對而言，代入感較強，閱讀和理解起來應該比較容易。但本書顯然不是一杯讓你即時享樂的奶茶，不是一顆獎勵給孩子的糖果；本書內容看似碎散，其實是相當深入的。

最後，眾所周知，成功和成長是兩回事。成功是一城一池的得失，有週期性，有偶然性，也容易得而復失，而成長，則是從山底到山腰，又到山頂的過程，人一旦成長，就再無退步的可能。但從某種意義上講，世俗的成功和公認的成長也許本質上是一回事：如何處理資訊，如何決策，如何描繪機會，如何描繪風險，都關乎認知。而讀什麼樣的書，交什麼樣的朋友，做一個什麼樣的人，是認知的成果，也是固化或進化認知的工具。

世間萬象，唯有認知最可貴。真相很殘酷，成長很難，我無法告訴你有一種可以一勞永逸的方法，也無法告訴你人不需要努力就可以解決一切難題，也絕不相信說話做事有一個放諸四海皆準的標準答案。

因為工作經歷，我見過無數非常優秀的人，他們的資質未必多麼突出，但他們遇到的艱辛之多，他們付出的努力之多，遠超常人。他們在與自我做鬥爭的時候，同樣會有力不從心的時候，也常常陷入絕境。但他們不斷學習，不斷反思，沒有被致命的打擊傷害或擊碎，不斷形成自己的原則，心甘情願地相信，身體力行地堅持。

在他們的人生中，都有一次或幾次在黑暗中被閃電劃亮的時刻，如同盲人摸象——認知高的人，僅憑一隻象腿，即可窺見一頭大象的全貌。當我開始本書的創作後，我親歷的、見證的無數故事開始沉浮。作為一個近距離的觀察者，他們可貴的經驗也成了本書的一部分。

我將以上的思考成果，全部置於本書中，創業者、職業經理人、有志於成為中流砥柱的人，以及所有絕不甘於「躺平」的上班族、期盼跨越式成長的大學生，如果你們能在本書的某一部分得到啟發，我將感到十分榮幸。

當本書即將付梓，一些重要的名字一一浮上心頭。我要感謝我的父親侯國衡，我的母親趙蜀雲，他們言傳身教，告訴了我何謂責任感，又何謂愛，這是我成長中最重要的土壤，從這個意義而言，他們給了我世界上最好的教育。

感謝我的研究生導師左東嶺教授，感謝我的職場領路人——新浪新聞模式的締造者陳彤先生、中國互聯網最有遠見的陳天橋先生。感謝我的所有投資人、我戰無不勝的同事們，以及我的所有合作夥伴。多年來，你們賦予了我這個世界上最重要的東西，我希望自己一刻也不要辜負你們的信任。

感謝暢銷書作家李柘遠、韓浩月、李筱懿、藝術家冰逸博士，感謝王甯教授、孫莉莉和我所有的投資人，感謝潘良、周亞菲，他們對本書都提出了具體的意見和建議。

Chapter 1

靠譜：成功的進階方法論

所謂靠譜，就是收到做到、說到做到、想到做到。

01／靠譜 就是不斷履行承諾

靠譜的人，不一定從未被打倒過，但絕不會受最致命的傷害。

靠譜的人就是收到做到、說到做到、想到做到的人。靠譜的事就是難而正確的事。靠譜的關係就是彼此相互支持或有能量流入的關係。我們一生都應該追隨這些靠譜的事物。

靠譜是一個人身上的「金子」，總會讓這個人閃閃發光。當我們在說一個人靠譜的時候，我們說的究竟是什麼？

靠譜，有以下三層含義。

第一，**總是能完成目標，說到做到**。只要承諾了，就一定會按時，按要求，保質保量地交付成果。

第二，**總是能完成指令，收到做到**。你安排一件事他能完成，你安排多件事他仍舊能完成。一個靠譜的人，收到指令後會回覆；遇到困難會溝通；工作進展會按階段回報；安排會落實。他會說到做到，盡心盡力，有始有終，積極主動；不玻璃心，沒有惰性，不驕橫。他能深刻地意識到，這不是繁文縟節，這是一個公司的基本規範。

第三，總是能解決難題，想到做到。靠譜的人堅信方法總比問題多。他敢於挑起解決難題的大樑，積極主動承擔重任，在資源、激勵不足的情況下解決難題，確保託付完成。

靠譜的人，有以下特點。

①靠譜的人，善於自驅，知道自己究竟為何而戰。

②靠譜的人，善於反省，能夠修正自己的錯誤，不斷優化自己的攻防策略。

③靠譜的人，並不總是擁有一手好牌，但是總能把一手爛牌打好。他們堅信常識和創新思維的力量，並因此不斷獲得回報。

④靠譜的人，像軍隊中先鋒部隊的開路先鋒，不一定能打贏所有的戰鬥，但有勇氣與膽量，並且在關鍵的時候和戰鬥中總是能贏。不一定從未被打倒過，但絕不會受最致命的傷害。

⑤靠譜的人，清晰地知道目標，能夠分辨出最重要的事情，能夠把自己的全部資源、注意力，集中在最重要的事情上。

⑥靠譜的人，不是完人，可能也會脆弱、焦慮、糾結、茫然，甚至恐懼。但他們更善於在尖叫、恐懼和興奮中創造奇蹟。

⑦靠譜的人不一定是多麼了不起的人，但一定是值得信任的人。

靠譜，是對一個人的最高評價。

02／如何通過面試快速找到合適的工作？

到不同的公司去面試，要準備不同的履歷，這是對自己的挑戰，也是對應聘公司的尊重。

你不要疲於奔命，一天見六個面試官，而是要花六天時間，做好所有準備去見一個面試官。

第一，用一份履歷應對所有公司是不對的。有些人面試一下子就通過了，因為他寫的履歷，是從面試官的角度思考的。到不同的公司去面試，要準備不同的履歷，這是對自己的挑戰，也是對應聘公司的尊重，這樣的思維成為行為習慣後，會對你以後的工作有巨大的幫助。

第二，提前演練，預判面試官的問題。履歷除基本資訊之外，至少要呈現兩部分：你做成過的事、對面試職務的思考。你要根據已有的資訊和資料，精準地判斷面試官有可能問你的問題，並為之做出有理有據的應答。

第三，深入了解公司與面試官。你需要深入掌握這個公司的情況，或者面試官做過哪些事，要知己知彼，方能在面試中遊刃有餘。

第四，對薪資有切合實際的預期。薪資實際上是你對自己的價值定位。如果你隨心所欲寫一個高於本職位的薪資，對方會覺得你不切實際，而與對方討價還價則是一個非常不明智的行為。

03／找導師是初入職場的第一件事

你要將尋找靠譜的導師，變成職場生涯中始終如一的一件事情。

何為導師？導師是你通往未知領域的敲門磚或者明燈，是領路人，是你事業大門的開啟者，是幫你找到鑰匙的人，是目送你走上更開闊大道的人。

導師，可以是你的上級，可以是部門資深員工，也可以是行業裡的「大咖」。找導師的要求就一個：要遠比你強，強到你可以對他服氣。

有導師的一大好處，是能降低你的諸多成本——**很多跌跌撞撞才能學到的本領，有時候其實就是導師的一句話點撥**。

面對導師，你要真誠、謙遜，同時也要有質疑的勇氣。但無論如何都得注意的是，要努力降低你們之間的溝通成本。

一個真正讓你信服的人，絕大多數時候，你只要按照他說的做就可以了。

職場裡的導師不必限於一個，同時應該不斷迭代。你要將尋找靠譜的導師，變成職場生涯中始終如一的一件事情。

04／進入職場 問自己7個問題

問題往往都會在不斷詢問的過程中迎刃而解，至少也會越來越清晰。

①你上級的目標是什麼？

②你個人的目標是什麼？

③你是否掌握了有助於目標達成的關鍵方法和關鍵資源？

④你是否把足夠的時間，用在對產業和競品的調查研究上？

⑤你是否清晰地了解你和團隊中每一個人的投入產出比？

⑥你是否能夠將資源、認知、注意力全力投入到最重要的事情上？

⑦你是否能堅持每天復盤，優化策略？

05／認領工作任務時 需精準了解3重點

以更全面的資訊開始一項任務，能有效避免會錯意、走彎路、做無用功。

上級分配工作任務時一定有其考量和目的，鮮少臨時起意或安排意義全無的事項給下屬。這樣，豈不白白耗損公司成本，浪費員工有限的時間和精力？

員工在認領一項新任務時，切忌草率回覆「收到」後便開始埋頭幹活。職場的「靠譜」，也展現在對任務清晰、完整的認知與理解上。在被分配新任務的當下，最好即時向上級確認以下三件事。

第一，該項任務的「初衷」。所謂初衷，即其對公司、部門、小組、專案所具有的價值和意義。

比如，一家新媒體公司的部門總監要求員工調查研究抖音Top 10美食部落客直播帶貨的三十日成交金額，員工需立刻確認，進行該任務的關鍵目的何在？也許是為公司正在培育的垂直領域短片達人提供資料參考，也許是為公司跨入美食吃播類直播的代營運業務進行前期技術支援，也許是了解美食類短片、直播帳號的現存問題，為公司類似的業務避坑防雷。總之，明確了解一項任務的來龍去脈、緣由初衷，以更全面的資訊開始一項任務，能有效避免會錯意、走彎路、做無用功。

第二，重要程度與優先順序。該項新任務是否時間緊急、是否需要優先於手上已有的工作事項，快速完成？

某些主管習慣模棱兩可，以「儘快」、「儘量」、「盡可能」等含糊的修飾詞分配任務。遇到類似表述時，員工切勿不假思索、不做追問。相反，應直截了當地問主管：「這項任務，您需要我今天下班前（明天中午前或本週五結束前）回饋嗎？」只有清楚了解任務的截止日期和優先順序，才能精準安排時間，在執行現有工作的同時，漂亮完成新任務的相關工作。

第三，需要交付的工作成果（**deliverable**）。老闆吩咐這項任務，具體需要我以何種形式提交什麼成果？是一頁A4紙的總結報告？一份不少於十頁、涵蓋A、B、C三面向的PPT報告？還是一組Excel資料分析表？細心的主管在下達任務時就會說明這類要求，但有些主管風格隨意、不喜詳述，又或百忙中應接不暇、未能闡明細節，此時就需要員工帶著「靠譜」的那根弦，主動向主管發問以了解任務要求了。

06／如何贏得主管信任？

要麼學會拒絕，要麼就要對承諾的事情如期交付，這是一個工作高手必須具備的美德。

信任是相互的，信任會在不斷的互動中變得更穩固。

要知道一條基本的職場原則，即主管安排的任務總是重要的，是應該心甘情願要去做的，是必須完成的。

在交付任務前，你可以表達你的反對意見，但一旦形成決議，那就相當於做了一次信任託付。

同事有很多，但戰友卻不多，只有那種你將任務交付給他，他想盡一切辦法去完成的，才能叫戰友。

沒有一個人是一座孤立的小島，大家都彼此相連，正是每個人不負期望，才能群山迴響，蔚為大觀。

對於承諾的事情，無論目標多高、難度多大、指令多複雜，都要確保如期交付。

要麼學會拒絕，要麼就要對承諾的事情如期交付，這是一個工作高手必須具備的美德。

長官對下屬的信任，並不是建立在想像中，而是建立在一件件具體事情的完成下。那些出類拔萃的人，信仰「說到做到」，信仰「收到做到」，信仰「想到做到」，這樣的人應該成為職場人的目標和榜樣。

07／做好向上管理 形成對主管的影響力

很多人害怕和主管溝通。其實越怕的事情，越要面對，越應該改變。

人的生活裡有大量的時間是和同事度過的，在和同事的交流互動中，至少有一半的困惑源自上下級關係，說它非常重要，顯然一點也不為過。

「向上管理」的關鍵有許多，包括但不限於：溝通、聆聽、理解、回饋……**向上管理不是去挑戰主管的權威，而是形成對主管的影響力**，以便尋求更多的配合與資源。向上管理要做到：不勉強，不抱怨，不改變。

向上管理，最重要的就是增加下屬與主管的溝通能力。

首先，很多人害怕和主管溝通。其實越怕的事情，越要面對，越應該改變。你要把和主管溝通當作一件重要的事情，當作一件心甘情願、理所當然的事情，當作一個最終以你和他建立起信任和默契為目標的事情去做。

我想沒有一個主管不願意和主動要求工作溝通的下屬互動，主動的員工都是公司活力最強的人。所以，不敢跟主管溝通的下屬其實是放棄了憑藉能力升遷的機會，因為主管的注意力資源有限，誰主動搶占他的資源，誰離勝算的目標就更近。

其次，下屬和主管溝通重要資訊時，永遠不要推卸責任，不要避重就輕，不要含糊其詞，不要熱衷於當鴕鳥，諱疾忌醫，導致事情朝著失控和對自己更不利的方向發展。不勇於承擔責任的員工，基本上也是不願意面對自己問題的人，這樣的性格，會限制自己的進步和成長。

最後，在上下級的溝通中，我發現很多員工喜歡擠牙膏式的回答：

問三個問題，回答一個；

問一個問題，回答一個；

接著再問一個，然後再回答一個。

其實主管提問的時候，你應該要思考清楚他為什麼要提問，他要解決什麼問題。了解這些關鍵點，你就可以把他關注的問題一次性溝通完畢，千萬別像擠牙膏一樣問一句答一句。

一個善於向上管理的人，在和主管溝通的時候簡潔、有效率，不會出現主管說什麼他聽不懂，主管問什麼他也回答不清楚的情況。

08／靠譜的人 總會被看見

你做成的每一件事情，都是你豐富人生的一部分，沒有任何人可以搶得走。

理解靠譜的另一個角度是：不問收穫，只管耕耘。

第一，**一個靠譜的員工和一個靠譜的主管，總會發生化學反應**。一個能看到自己目標的人，也一定會被更多的人看到。

第二，**與主管溝通，要以善意為出發**。即使你覺得你的功勞被主管納入他的功勞簿，也不要認為主管在占你的便宜，這樣只會徒增自己的精神損耗，你要視為這是主管對你的褒獎。

第三，**所有的付出，本質上都是得到**。你做成的每一件事情，都是你豐富人生的一部分，沒有任何人可以搶得走。

09／如何向老闆提升遷加薪？

要求升遷加薪的遣辭用句必須反覆琢磨，既要講理，也要講情；既要講過去表現，也要講未來規劃。

恰到好處、符合時機的升遷加薪要求，非常有必要。

大多數時候，人往往會高估自己對團隊的貢獻，所以我建議你不要輕易向老闆提升遷加薪。大多數情況下，對於真正有卓越貢獻的人，老闆不會視而不見。

如果一直有想和老闆提升遷加薪的念頭，我的建議是一定要找到一個好的契機。在不恰當的時候，做一件正確的事情，是對正確的誤解。不合時宜的請求會加重你與主管或老闆之間的隔閡。

在提升遷加薪的時候，你要理性評估一下提出升遷加薪的緣由。老闆給你升遷加薪的理由在於：要麼是你創造的價值超過老闆所支付的；要麼是你總在源源不斷地創造更大的價值；要麼是你創造的價值超過老闆的預期。你的不可替代和公司的順風順水，是你獲得積極回應的必要前提。

要求升遷加薪的遣辭用句必須反覆琢磨，既要講理，也要講情；要委婉，不要變成一次生硬的談判；既要講過去表現，也要講未來規劃。溝通內容切忌訴苦、攀比和威脅。

很多老闆出於員工之間的平衡，或在整體事業環境低迷的狀況下，對優秀員工的升遷加薪要求，無法總是給予積極回應。但在恰當時機、基於充分理由的升遷加薪請求，會讓上下級的關係更加融洽，也會讓沒有主動走出這一步的主管（或老闆）心生愧疚，進而更關注你的感受。

10／幫員工升遷加薪要謹慎

遵循升遷加薪的謹慎原則，可以更好地激發員工的成長積極性。

主管的手裡有兩種籌碼：升遷、加薪。這兩種籌碼的價值是對過去的肯定，對未來的激勵。作為主管，要學會使用這兩種籌碼。

原則①：職位比錢更重要。職位意味著管理責任，並不是所有業績好的人都適合做管理。上級可以給高績效的人慷慨加薪，但升職則絕對不能過於感性。

原則②：大多數時候，頻率比強度重要。

原則③：能設置觀察期的，就不要一次性給到位。

原則④：在以上原則的基礎上，給非常優秀的員工升遷加薪不要猶豫。**人力不是成本，而是資源**。

主管對於自己手裡的籌碼，要有清楚的認識。遵循升遷加薪的謹慎原則，可以更好地激發員工的成長積極性，而這恰恰是對員工負責的重要表現。

11／老闆想讓我取代主管嗎？

大部分時候，當你和你覺得看不慣的主管發生爭執時，老闆最終支持的還是你的主管。

只有當你的人品與業績均超過主管時，才有機會取代主管。當你內心萌生「老闆想讓我取代我的主管嗎？」這樣的想法時，必須明白：

第一，**很多老闆喜歡應用「鯰魚效應」**。老闆有意無意地暗示，不一定是他非要辭退一個人，或者讓誰取代誰。

老闆對部屬常常不可能百分之百的信任，也不可能百分之百的懷疑。甚至大部分時候，當你和你覺得看不慣、看不上的主管發生劇烈爭執時，老闆最終支持的還是你的主管。

第二，**不要高估老闆對你的特別看待**。事實上，我們在鏡子當中看到的自己永遠比實際的自己要美。每個人如果把「自己覺得」對這個公司做出的貢獻加起來，將會遠遠大於公司的實際業績。

在職場中，當下屬總是很敏感地分析老闆的一言一行的時候，代表了你將你的注意力放在了不應該放的地方。和主管的有效溝通固然非常重要，但最重要的仍然是你的業績本身。永遠不要將精力放在揣摩主管的心思上，很有可能，這是你自作多情。

第三，老闆更看重人品。原則上，每一個人都要守住一個底線，那就是不能透過傷害主管而去爭取你需要的職位。業績或許可以透過學習提升，但底線一旦觸碰，就沒有挽回的餘地了。當然，主管違法違紀另當別論。

12／年終獎金沒有預期高怎麼辦？

大多數時候你要降低你的預期，因為很有可能你高估了你的貢獻。

年終獎金多少，並不意味著它是老闆與公司對你的唯一評價。

①好的老闆會給員工一個高於預期的年終獎金；而有的老闆善於炒作預期，造成上下關係的破裂。

②每個公司的薪資體系不一樣，有的嚴格按照業績，有的全憑老闆的好惡，並無標準可言。老闆的情緒化對於員工來說並非毫無建設性，你很有可能會因為老闆的性格而獲得額外的紅利。在創造驚喜上，一個嚴格照章行事的老闆很有可能不如一個有情感張力的老闆。

③大多數時候你要降低你的預期，因為很有可能你高估了你的貢獻。結果常常是正確的、合理的，哪怕它沒有符合你的需要。

④主管常常有制衡下屬的需要。

⑤獎金發放還常常與企業的整體效益有關係。在老闆的思考中，局部的收益必須放諸整體來考慮。

⑥當你得到的獎金顯著地低於你的預期時，如果理由充分，建議與直屬主管、與人資進行坦率地溝通，你會獲得更充足的資訊來決定下一步行動。一種是你可能會被說服；而另一種是你沒有被說服，那麼就需要勇敢地與更高層溝通。

⑦**不要輕易地和老闆或更高層的主管傾訴不公平**，除非相當必要。

⑧如果能將自己變成不可替代的優秀員工，那麼你通常就能在渴望被發現之前被發現。

13／中階主管要上下相容、左右協調

中階主管向上管理需要有溝通能力，向下管理要有動員能力。

中階即中堅力量。中堅力量穩定，可保障一家公司各個環節的運作順暢。

中階主管向上管理需要有溝通能力，確保和上級的溝通管道快速而有效率；向下管理要有動員能力，向左向右要有協調能力。

中階主管召之即來，來之能戰，戰之能勝。

中階主管是淘汰出來的，也是打出來的。

這讓我想起以前跟余華合作《文城》的經歷。二〇二一年四月，余華新書上市銷售前，公司的戲劇業務負責人就提前從出版社拿到了樣書，並在第一時間評估完畢，提請主管會議討論，決策時間只有兩週，我很快做出購買《文城》戲劇版權的決策。

由於我與余華多年沒有聯繫，公司業務負責人第一時間透過自己身邊人脈得到余華的電話，我跟余華約好了見面。路上，我聽負責人介紹了近五年來高收視戲劇作品的市場情況，以及適合《文城》戲劇開發的創作團隊清單。

我雖跟余華多年未見，但我們還是相談甚歡。談及購買版權環節，我讓負責人直接跟余華彙報情況，版權價格也是負責人直接提報（事前我們並未商量）。余華非常直率，當場就簽合約，交給我們做，也是出於對我們的信任。目前，專案已經由負責人穩步進行，進入製作的階段，不久之後，應該就會與大家見面。

這個看起來相對順利的合作案例，就出於業務負責人對主管、客戶、市場等環節進行全面判斷，並隨時跟我保持溝通的結果。這類員工，在那些管理先進的企業比比皆是。這讓我想到網飛（Netflix）創辦人所著《零規則》裡邊的類似故事。

在〈去除大部分控制——充分資訊，安心授權〉一章中，網飛紀錄片節目總監亞當要去競標關於俄羅斯興奮劑醜聞的紀錄片專案《伊卡洛斯》。面對亞馬遜、Hulu等同行的激烈競爭，亞當對是否要給出最終報價猶豫不決。

如果在別的公司，一旦涉及大筆經費支出，公司最高層主管一定會牢牢抓住話語權，反覆討論後再做決定。網飛並不是這樣，它會幫實際業務的負責人設定情境，讓它成為中階管理人員的決策依據。

最終，亞當提高報價，拿下該項目，而該片也奪得第九十屆奧斯卡最佳紀錄片獎項，驗證了亞當獨當一面的決策能力。

14／主管安排任務 必須精確表達

很多主管和下屬的溝通是無效的，這與主管的溝通習慣也有關係。

任務下達與任務完成，就像接力賽跑，接棒要準確，跑起來也要追求速度。

主管在安排任務時，必須要注意精確表達。

所謂精確表達，是非常直接、清晰地描述任務本身的內容以及你安排的目的，必須講明負責人、截止日期、關鍵考評指標。

在會議中，主管必須單獨、再次和接受任務指派的人確認。在更大規模的體系中，要做好會議紀錄，做好督辦。

很多主管和下屬的溝通是無效的，這與主管的溝通習慣也有關係。有的主管喜歡用「最好、你試試、儘快、建議」等語焉不詳的描述方式安排任務，以致下屬並不認為這是一個必須完成的任務，更不會了解這個任務的優先順序和緊急程度。

在接到明確的指令後，能夠做到明白無誤地確定收到並交付結果。

15／員工消極怠工 管理者該怎麼辦？

對於有能力但卻偶爾消極怠工的人，絕對不要回避，而要積極溝通。

了解怠工背後的真實狀態。

首先，你一定要清楚地知道成年人已經很難被改變了。所以你要分清楚員工的消極怠工是在某種特殊情境下發生的，還是員工本身的工作習慣。

對於有能力但卻偶爾消極怠工的人，絕對不要回避，而要積極溝通，了解清楚背後的原因，是因為受到直屬主管的不公待遇？職務不合適？家庭遇到變故？還是萌生去意？**管理者必須要創造出有利於那些有潛力員工持續發揮能量的環境。**

對於習慣性消極怠工的人，果斷讓他走人。

16／如何看一個人可不可用？

僵固型思維這種人不要重用，會在關鍵時刻掉鏈子。

第一，**看他的結果**。結果最難，最具有說服力。交代他一件事情，他交付你什麼樣的成果，一目了然。優秀的員工總能給你確定性，這樣的員工就要多給機會，多給資源，多引導。

第二，**看勤奮度**。懶惰的人和勤奮的人是完全不同的。一個人勤奮的程度與他內在的動機和驅動力等強度息息相關，與他抗壓的能力有關，也與他管理自己的能力有關。表面看是一個習慣，實際上是一個整體運作的結果。一個懶惰的人遇不到「貴人」，共事一、二個月就露餡了。

第三，**看學習能力**。一個員工最重要的能力是學習能力。大多數時候我們說能力其實是一個存量的概念，是過去經驗和教訓、認知的總和。但學習能力預告著未來。一個人有沒有好奇心和饑餓感，有沒有學習的習慣，尤其是否習慣性地與新鮮事物、新趨勢、他人的經驗和教訓建立連結，決定了他的所有可能性。對那些虛懷若谷，一刻也不停止學習，能夠深度學習的員工要保持足夠的關注。

這三項強，基本上這個人就可用，當然還有一個最基本的要求，就是他必須得是一個開放性思維的人，怎麼判斷呢？你批評他兩次就知道了。如果你批評他，他總是辯解，抱怨一件事做砸了是別人導致的，是糟糕的市場導致的，是競爭對手導致的……出現兩次就夠了，這是僵固型思維，這種人不要重用，會在關鍵時刻掉鏈子。

17／怎麼看待Z世代的員工？

如果你能注意到那些不同世代的佼佼者，你就會發現，他們都個性十足，但又有著驚人的相似。

不要用每個世代的特質，來掩飾每個世代當中佼佼者的共同特性。一九九〇後、二〇〇〇後[註]當中優秀的人，與一九七〇後、一九八〇後沒有顯著的不同，同樣具備優秀者的特徵，勤奮、善於學習、善於反省、對新事物有強烈好奇心。唯一不同的可能是他們面對新興市場、對未來有更強的洞察力。

管理者的職責之一是做業績，之二是找人。找人，而非招人；影響人，而非教育、改變人。成年人已經很難被改變，所以要想方設法找到不同的優秀人才。

管理實際上是對不同個性、不同經驗值、不同可能性的員工，進行有效的協調和引導，有理性的部分，有感性的部分。關注不同年齡層的員工表現有一些意義，但沒有想像得那麼大。如果你能注意到那些不同世代的佼佼者，你就會發現，他們都個性十足，但又有著驚人的相似。**管理者應該拚盡全力，讓自己被這樣的人包圍。**

註：在一九九〇年代末至二〇一〇年代前期出生的人泛稱Z世代。

18／不要輕易跳槽

選擇要非常慎重，一旦做出選擇，就要忠於自己的選擇，不輕易跳槽。

職涯的輝煌，需要時間的考驗與歷練。充分的信任與託付，可以激發一個人的最大能量。同時一個優秀的環境，也會使一個人擁有終生熠熠發光的回憶。

跳槽頻繁，至少證明了一個人選擇和堅持的能力比較弱。

頻繁跳槽的人在初期可能覺得跳槽是一個成本小、收益高的事情；但在未來，這有可能成為一個人無法承受的成本。因為一個在職場上能夠獲得高階職位的人，不可能是一個被視為不忠誠，或者輕率做出選擇的人。在我面試重要職務的時候，我通常會忽略掉那些跳槽頻繁的人。

我們說一個人面對一個極具誘惑的機會時，通常指獲得了一個遠超過現在收入待遇的職位。但這不是全部，還應該考慮下一家公司的穩定性、成長性，以及你跳槽後將面臨的挑戰。**大多數人只能看到機會，而忽略挑戰與風險**。大多數時候，成功的跳槽常常是全面評估機會和風險後的決策，而非一時衝動。

不過當時我做跳槽選擇的時候，則是憑直覺做的決策。

我的職場生涯有二十餘年，在兩家公司打工過，之後便開始創業。我一向認為，選擇要非常慎重，一旦做出選擇，就要忠於自己的選擇，不輕易跳槽。

二〇〇八年，我經過深思熟慮之後決定離開自己戰鬥了七年的新浪。離開的前一天，執行長曹國偉帶領所有的副總裁為我送行。離開當晚，曹國偉單獨請我吃飯，希望我繼續留下。在我離開新浪的第二天，新浪還為我的離開發了官方新聞稿，認為我是新浪最有才華的編輯之一。

這一切都是新浪能給予一個離職員工的最高禮遇，直到今天我仍然非常感動。

但我離開新浪的主要原因，源自時任盛大集團董事長陳天橋對我描述的一個遠景。陳天橋是中國互聯網公認的戰略家，他說希望未來的中國娛樂產業就像高架橋一樣發達，文學能夠成為遊戲、影視、動漫、廣播劇等一切娛樂形態的源頭。

他的描述震撼了我，如今也已經成為現實。但是在十四年前，他的描述就像電光石火，點亮了我。我當時沒有想過跳槽之後待遇如何，風險如何，穩定性如何，一切於我而言都不在話下。

當時跳槽，跨越的不只是從北京到上海的空間距離。我也沒有時間計算得失，只因為點亮我的那個東西，足以使其他黯淡。

二〇一三年年底，在經歷了一場網路輿論的沸沸揚揚後，我離開了盛大文學公司。後來，以盛大文學為主要核心的閱文集團在港股上市，市值創紀錄地達到一千億港幣。我雖然不能親臨現場，但也與有榮焉。我們生命中最重要的不是得到，而是付出。**付出，不一定在此刻有收穫，但一定會在未來的某一刻如數呈現。**

也許生命中最重要的都是看不見的，也是無法計算的。

當我研究所畢業誤打誤撞地走進新浪的那一年，我不知道新浪將給予我如此多的力量。我只是憑藉直覺覺得互聯網將成為趨勢，而新浪是當時聲名卓著的互聯網公司，我希望加入它。之後，新浪讓我知道，一個人只要敢想像，一切皆有可能。我帶領創辦了當時中國最大的社交媒體——新浪博客，經歷了嚴格的職業訓練，結識了各行各業的精英翹楚。

當我選擇加入盛大文學，支持我做出選擇的也並非精密的計算。

在我的職場生涯中，不能說從未感覺到委屈和不公，但事隔經年，想起來的全都是「金戈鐵馬、氣吞萬里如虎」的日子。我兩家公司的老闆給了我他人無法想像的尊重、信任和榮譽。當我回首自己這兩段職場旅程的時候，我感覺到了無上的榮耀，也想起我眾多的不足和辜負。

當我結束了職業經理人的生涯後，我發現再無屋簷為我避雨，我必須獨自一人帶著團隊堅定前行。前途迷茫，但已經整裝待發。我已經清楚地知道我從哪裡出發，又帶著什麼樣的使命。

「人生猶如一部大戲，直到劇終，才能充分揭示出生命的完整意義。這部大戲往往由很多情節組成，每一個情節都有其獨特的意義，要求人們一一做出選擇。很多選擇往往使人左右為難，或做或不做，或生或死，或逆水行舟或急流勇退，或仇恨或寬容，或為信念不惜赴湯蹈火，或為家人甘願委屈求全，都是一種不可替代的使命。」

19／學會彙報壞消息

下屬越敢彙報壞消息，說明管理階層越能容納和處理壞消息。

彙報壞消息的最終目的，是為了正視問題，以免風險持續蔓延，以至於不可收拾。這是為了最終獲得解決方案。

有時候你不得不給你的主管彙報壞消息。非常瑣碎、可以自己處理的壞消息，原則上不必彙報，處理完後通報即可。影響比較大的壞消息一定要早點彙報，越早越好。彙報壞消息要注意哪些方面呢？

①一定要坦誠，不要遮遮掩掩，要把關鍵細節和可能的風險彙報清楚。

②當面彙報更好一些。彙報之前一定要考慮周全、詳細準備，不要語無倫次，有意或無意地忽略掉重點。

③如果有你的責任，必須要真誠道歉，敢於承擔。

④最重要的是，一定要在力所能及的情況下，提前規劃好各種解決方案，並將希

望尋求到的主管支持具體化。

⑤一定要讓主管意識到你全力以赴解決難題的態度和決心。

⑥通常情況下，主管，尤其老闆所處位置，是眾多壞消息的聚集地。即使一個以冷靜著稱的知名企業家，在面對壞消息的時候也難免產生焦慮。**一個致力於成長的老闆，要習慣與壞消息相處，不能將彙報壞消息的人當成壞消息本身去處理**。下屬越敢彙報壞消息，說明管理階層越能容納和處理壞消息。

20／遠離辦公室政治

當你身處職場政治的旋渦中，對你而言唯一重要的就是，永遠不要忘記自己的目標。

職場政治總是容易將你捲入其中，但你必須學會遠離。當你身處職場政治的旋渦中，對你而言唯一重要的就是，永遠不要忘記自己的目標，不做任何人的棋子，永遠不要將清宮戲中學到的那一套放在職場中。同時，要對提拔自己的人保持篤定的忠誠。

21／任何事情都要有始有終

只要是好習慣，就一定要一直堅持下去，而非三天打魚兩天曬網。

一分鐘能完成的事情馬上去做。

主管當下安排的每件具體事情，一定要按時交付成果。長期的安排，則定期交付成果。

只要是好習慣，就一定要一直堅持下去，而非三天打魚兩天曬網。

每天、每週、每個季度、每年，都要列出工作清單。只要列上的就要想辦法完成，要麼就不要列。

最終無法完成的事項要有結案意識，而無須始終掛在待辦清單上。

如此，不僅有益職場，更有益於生活。**圓滿的人生，大都是由不起眼的好習慣日積月累置換來的。**

22／做正確的事 比正確地做事重要

判斷一件事情值得不值得做，比怎麼做這件事情要難。

用最短的時間，精確理解什麼是正確的事情。

大部分公司的多數人，都只為現在負責，不為未來負責；只對局部負責，而不為整體負責；只對原因負責，而不對結果負責。在我看來，這常常是把事情做正確而毫不在乎結果的表現。

相比之下，做正確的事情就更難能可貴。

何謂正確的事情？不同人對此有不同的理解，我自己建立了一個我認為正確事情的樣貌：

正確的事情一定是自己堅信的事情，而非盲目追隨他人。

正確的事情是重要而可知的，是拚盡全力做得到的事情，不是拽著自己的頭髮離開地球的事情。

正確的事情，常常是所處行業裡處於領先地位的事情。最優秀的人，習慣做領先的事，做到極致，做到第一。因為領先事物所具備的潛力和可能性，會秒殺那些平庸的事物。

正確的事情不一定是心甘情願在做的事情，它常常不在你的舒適圈內。你常常需要花很長時間去做心理建設。一個堅持跑步多年，並因此大幅地改善了自己身體條件的人，在面臨又一天高強度的訓練時，同樣也不會那麼輕鬆。

正確的事情是趨勢潮流的事情，正如在股市即將大漲的時候進場，獲得的收益不言自明。

正確的事情，不意味著每個環節都正確。**某個環節的失誤，可能是促成發現正確事情的一個密碼**。

正確的事情，是經驗和教訓都相當豐富的事情。

正確的事情通常都很難，難在選擇和堅持。判斷一件事情值得不值得做，比怎麼做這件事情要難。正確的事情堅持下去也很難，因為有很長的時間需要你孤軍奮戰，在漫長的黑夜裡，唯一陪伴你的，可能就是你不斷地對自己的追問和質疑。最應該被堅信的，通常也很脆弱，也會被不斷質疑。

有時候，不做事，就是在做正確的事情。

對於一個創業公司而言，正確的事情已經顯而易見，就是「賺錢」。我將「賺錢」寫到了公司的文化中。我們的管理團隊笑稱，要讓賺錢的趾高氣揚，不賺錢的灰頭土臉，賠錢的人人喊打。我們會議室的牆壁上赫然寫著：要讓我們的每分錢帶著更多錢回家，不要讓它們流浪。**這是我創業幾年後意識到的，即賺錢是一件無比正確又非常艱難的事情。一個人能聽得見錢響的聲音，其實是一種罕見的美德。**一個企業家，能將主要精力放在賺錢上，也合乎他職業道德的需要。

從一個旁觀者的角度而言，以上的這些話或許是笑柄，足以讓人窺見一個在創業路上跌跌撞撞的企業家無趣又功利的一部分。

也正是將賺錢寫到公司文化中後，我們意識到了目標、結果、務實的重要性。

也正是從這些時刻開始，我們意識到做正確的事情遠比正確地做事更重要，經營比管理更重要，結果比過程更重要。

我堅定地認為，企業的價值觀雖然重要，但更重要的是目標。一個企業不可能有兩個同等重要的事情。國家也如此，改革開放四十多年，統一了所有人的目標，分秒必爭地向目標前進，創造了舉世矚目的奇蹟。企業更當如此。

23／管理要有理、有節、有利

身在職場，要有彈性，不能一成不變，其變化也不應該超越一根彈簧的最大彈性力量。

好的管理，可以釋放「彈簧」所能承受的最大壓力，變成靈活做事的最大彈性。

市場在變，管理階層的決策必須隨之變化，絕不能刻舟求劍。此時，作為部屬必須接受改變，善於適應變化。但管理階層也要有定力，改變應有理、有節、有利。

所謂有理，是指要和部屬共同分析市場變化，達成共識。

所謂有節，指的是在改變時要有所節制，不能讓部屬疲於奔命。如果一會兒指東一會兒指西、朝令夕改，那麼所有人都將無所適從。

所謂有利，是指所有的變化都要出於改良的目的，而非惡化一個團隊的行動力。

身在職場，要有彈性，不能一成不變，其變化也不應該超越一根彈簧的最大彈性力量。對於一個真正能從職場生涯每次變化中獲益的專業人士而言，這種能力既重要，又可以不斷訓練加強，以逐漸達到巔峰。

24／什麼人會成為優秀管理者？

三流的人重視情緒，二流的人重視事實，一流的人果斷行動。

首先必須重視行動。三流的人重視情緒，二流的人重視事實，一流的人果斷行動。他不是看不到困難，而是要致力於在行動中解決困難。他不會不焦慮，但是相信只有行動才可以從根本上解決焦慮。下一步該怎麼行動，始終是優秀和不優秀的管理者的分水嶺。

其次是關鍵目標導向。對於企業領導人而言，不同的週期，目標是不一樣的。收入？利潤？現金流？如果關鍵的目標只有一個，到底是哪一個？要找到至為關鍵的目標，全力以赴地去完成，牽一髮而動全身，這能動全身的「一髮」，就是關鍵目標。眼中有目標，方法就會多一些，困難就會少一些，藉口也會少一些。能找到關鍵目標的人，眼中就像有光一樣。

最後必須注重成長。當我們說一個優秀的管理者必須重視學習的時候，實際上潛在的含義是他必須注重成長。學習的目的對於企業而言就是為了成長。此時的學習就必須是可轉化、可連接結果的學習。致力於成長的管理者，管理的四象限裡，有用、無趣顯然比無用、有趣有著更高的優先順序。從這個意義上講，**致力於成長比致力於學習，對一個優秀的管理者而言更重要。**

25／保守秘密是商業成功關鍵

資訊就是金錢，無意或有意地洩露公司的秘密，常常會導致公司重大損失。

要學會保守秘密。

資訊就是金錢，無意或有意地洩露公司的秘密，常常會導致公司重大損失。

我在創業的幾年中，公司就出現過幾次因員工和其他公司分享我們公司打算購買的項目而遭遇惡性競爭，最後憾失購買機會。

從那之後，在每週一例會上，我嚴令資訊保密，也嚴格控制參會人數。每位會議參與人都需要簽署保密條款，杜絕此類事情的再次發生。同時，這份簽署的保密條款，是在每個員工入職協定上簽過的保密條款之外，再次簽署的保密協定，以提高保密效力。

26／能1分鐘完成的事 馬上去做

一分鐘能完成的事情，既瑣碎又有必要，完成後能大幅地減少你的壓力和焦慮感。

眼疾手快者，均是高手。

一個善於設定目標的人，會根據目標將事情分為：**主要的事情、重要的事情、緊要的事情和必要的事情**。

我們在做每件事情的時候都要評估一下，是否符合這「四要」。

一個善於評估時間的人，能夠精確地分配做這些事情所消耗的時間。

在我二十多年的職業生涯中，領悟到一條最重要的經驗，那就是如果能一分鐘完成的事情，就要馬上去做。比如打一通電話、發一個短信、建一個工作群組、詢問一件事情。

一分鐘能完成的事情，在你的工作清單上，占有相當一部分比例，既瑣碎又有必要完成，完成後能大幅地減少你的壓力和焦慮感，進而真正地將注意力分配在更重要的事情上。

我的好友周宴西，是中國頂尖娛樂經紀人之一，她就是一位「一分鐘能完成的事情，必須馬上去做」的宣導者和堅定實踐者。作為一名眾多一線明星的經紀人，事無巨細，都需要她操心，但我從來沒有見過她有過一次拖延，需要馬上聯繫的，她總是果斷地馬上聯繫，不讓事情推遲到下一分鐘。我從來沒有見過一個像她那樣繁忙的人，但我也從來沒有見過她為此叫過一次累。

她將她的生活和工作安排得井井有條，主要原因就是她總是即時完成必要的、一分鐘可以完成的事情。這些事情過於瑣碎，但又相當必要，實際上占據了我們太多腦力，必須隨時清理，以便留出更多、更大把的時間去處理其他棘手的問題。她的觀念對我影響至深。

27／花三分之一時間在調查研究上

做事前投入三分之一的時間不斷調查研究，然後不斷行動，不斷嘗試，不斷超越，最終成事。

在產業和競品調查的問題上，我發現優秀員工和普通員工做法完全不一樣。普通員工通常加一、兩次班，在搜尋引擎上搜索一下用戶評價，找一些公開的資料，再下載相關App試用幾次，接著把蒐集到的資訊東拼西湊整合一番，做一個看似龐大、實則只有皮毛的PPT就交差了。

而優秀的員工則更進一步，把事情做得更為細緻。比如我們公司旗下的知名教育KOL、青年作家李柘遠（抖音帳號：學長Leo）。

李柘遠從哈佛畢業後，我們決定推出他的抖音帳號。確定了方向後，在長達半個月的時間裡，李柘遠推掉了絕大部分的事情，一頭埋進短影音和抖音平台的深度調查研究中。他迅速關注了近百個成功的抖音達人帳號，一遍遍地刷他們的熱門影片，不停地總結超高人氣模型和選題，再結合自身情況進行測試和優化。

在他開通抖音帳號後，邊調查研究、邊嘗試、邊總結，在短短三個月的時間裡，粉絲就迅速超過一百萬人，發布了多個刷爆全網的爆紅影片。

一個優秀的人在做事前，能夠投入三分之一的時間和注意力不斷調查研究，然後不斷行動，不斷嘗試，不斷超越，最終成事。

一個優秀的人做任何事情都希望做到極致，哪怕是在研究對手上，也是如此。

28／時間管理的9個原則

貧窮和忙碌並不是簡單地因為缺少金錢和時間，而是一種心態和能力的匱乏。

時間需要不斷被打磨與精煉，才能夠真正為你所用。

①根據目標進行時間分配，要把時間分配在主要的、重要的、緊要的、險要的和必要的事情上。一個善於利用時間的人，非常注重時間的「有效性」。

②如之前所述，一分鐘能完成的事情，必須馬上去做。

③要留出一段完整的時間處理最重要事務。在這段時間內，除非特別緊要的事情需要插隊，原則上不被其他的事情影響或打擾。

④要學會利用片段時間處理必要的事情。要有能力同時處理二、三件在同一個時間可以完成的事情。

⑤重申一下，要將緊要的事情和險要的事情放在最前面。

⑥必須養成當日事當日畢的習慣。

⑦要有能力判斷一件事情大概耗費的時長，以便更精準地安排其他事情。

⑧要學會尊重他人的時間。

⑨要學會定期檢視時間的利用效率，發現問題、總結經驗，以提高下一階段的時間管理水準與使用能效。

最後我給認為自己時間不夠用、過於忙碌的人分享《匱乏經濟學》裡面的一句話：「貧窮和忙碌並不是簡單地因為缺少金錢和時間，而是一種心態和能力的匱乏。」

29／學會列清單

我平常會使用三個清單：一個是待辦清單，一個是風險清單，一個是焦慮清單。

清單不但可以幫你釐清目標，更可以幫你走出迷霧，掃除不必要的擔憂。

我平常會使用三個清單：一個是待辦清單，一個是風險清單，一個是焦慮清單。待辦清單照季、月、週、日寫。完成一件劃掉一件，長期運作的項目特別標紅。風險清單是我尤其看重的。在娛樂業，風險總是猝不及防地發生，幾乎毫無徵兆。我擁有了一個越來越長的風險清單，並在每週公司的主管會議上和大家分享。

另外，我想特別提一下焦慮清單。作為創業者，我覺得自己無法規避焦慮。從最早的抗拒焦慮，到焦慮引發的種種症狀，再到後來與焦慮和平共處，我做了長時間的治療和探索。**我發現當你把令自己焦慮的事情寫下來之後，可以最大限度地緩解焦慮症狀**。你會發現，大部分令你焦慮的事情，或沒有發生，或發生後都能找到對策，最終都沒有產生不良的結果。只有極少的事件是發生後你無能為力改變的。

30／學會求助

面對一項具有難度的任務時，要懂得借助外力、借助他人擁有的資源和能力去完成。

在深山中，發出的呼聲越高，得到的迴響越大。如果一個人能意識到結果才是真正重要的，他就會克服所有的膽怯、面子和惰性，勇敢地向別人求助。

求助不但不是一種恥辱，甚至我覺得是一種美德。一個人面對一項具有難度的任務時，需要懂得借助外力、借助他人所擁有的資源和能力去完成。即使像馬斯克這樣的世界首富，在創業過程中，也需要經常向人求助。《鋼鐵人馬斯克》記錄了下面一段經歷：

二〇〇八年，是馬斯克最黑暗的時刻。SpaceX多次發射失敗，特斯拉經歷裁員風波，當馬斯克瀏覽SpaceX和特斯拉的財務狀況時，發現旗下只有一家公司有機會存活下來。為了支付員工們每週的薪水，馬斯克只能在和投資人周旋的同時向朋友求助。

最終，比爾・李投資了特斯拉二百萬美元，謝爾蓋・布林也投資了五〇萬美元，許多特斯拉員工都為了幫助維持公司運轉出了錢。金巴爾（馬克斯的弟弟）在金融危機中損失了大部分資產，但他還是賣掉了自己所剩無幾的財產來投資特斯拉。

融資最終在聖誕前夕完成，再遲幾個小時特斯拉可能就要宣布破產。當時馬斯克只剩下幾十萬美元，甚至第二天無法支付員工薪水。最終，馬斯克的求助為這輪融資貢獻了一千二百萬美元，剩下的部分都由投資公司提供。

這也才有了他的東山再起，收購Twitter等大手筆動作。

馬斯克的性格裡，有羞怯的一面，但擅長求助，使他變得強大與自信。

31／學會遠離6種人

一個人過分殷勤、過分謙卑，超過其應有的度，常常非奸即盜。

①一定要遠離情緒不穩定、喜怒無常的人。

②一定要遠離喜歡變臉、人前一套人後一套、前倨後恭的人。

③一定要遠離熱衷於舉報、揭發、編造或洩露他人隱私的人。

④一定要遠離極度諂媚的人。一個人過分殷勤、過分謙卑，超過其應有的度，常常非奸即盜。

⑤一定要遠離怨天尤人，常常製造恐怖、壓抑、焦慮氣氛的人。

⑥一定要遠離特別容易羨慕、妒忌、恨的人。

以上六種人都屬於在人格上不能被信任的人，而靠近這樣的人，很大的機率會給你的某個階段製造人生黑洞。

32／抱怨是慢性毒藥

不要抱怨不公，沒有一個人是容易的。每個人都在打一場不為人知的艱難戰鬥。

抱怨是慢性毒藥，會讓一個人慢慢四肢發軟，精神無力。

①如果你是為自己做事，為何要抱怨呢？每件你在做的事情都在替你產生利益，並且是你選擇的。

②不要覺得沒有人幫你，很多人都曾經在你艱難的時候伸出援手。千萬不要忘記別人的出手相助。

③不要抱怨不公，沒有一個人是容易的。每個人都在打一場不為人知的艱難戰鬥。**你羨慕的人，可能比你更難**。

④一個人調整情緒的能力也是能力的一部分。抱怨毫無意義，你應該關注更需要你投入注意力的事情。

⑤不要沉浸在往事當中無法自拔，已經發生的就讓它永遠過去。

33／正確說話的10個技巧

說話的本質是一種技術，必須刻意練習。

作家海明威曾說過：「我們花了兩年學會說話，卻要花上六十年來學會閉嘴。」曾國藩亦曾說過：「行事不可任心，說話不可任口。」

說話、做人、做事是一個人在這個世界上最基本的部分。如何說話，至關重要。在什麼時候和什麼樣的人該說什麼、不該說什麼、該如何表達，都特別有講究。小時候不懂「朝四暮三」和「朝三暮四」、「屢敗屢戰」和「屢戰屢敗」的區別，長大之後才知道，不同的表達，蘊含著不同的意味，於受眾而言，達到的效果也自然有所不同。

一個人說話的能力是解決問題能力中的一部分，顯示出他換位思考和同理心的能力，也從側面反映了他管理上層、管理客戶、管理朋友圈的能力。

說話的本質是一種技術，必須刻意練習。

第一，一定要少說話。說話要分場合，可說、可不說的不要說，不應該說的更不要說，可以說的也要有分寸地說。說話就像注意力一樣，必須要集中，否則會禍害無窮。人到中年回首往事的時候，會發現在說話這件事上，「沉默是金」確實是金科玉律。

第二，關鍵的話一定要說。不說則已，說則一鳴驚人。一個優秀的人善於說該說的話，精準、有效、有力量。一個靠譜的人，常常被認為說話總能說到點子上。

第三，切忌口不擇言。真話不全說，假話全不說，不說無法收場的話，不說以後圓不了的話，不說一旦開始就得不停去掩飾的話。在如今大環境的不確定性和壓力的狀態下，人特別容易有過度反應，稍不如意，使非常憤怒，做不該做的事情，說不該說的話，不但容易樹敵、壞事，也會讓人覺得此人不靠譜，為日後增加很多障礙。

第四，在重要的場合，或和重要的人說話之前最好準備個提綱。一定要說一、二、三、四，不要前言不搭後語，也不要反覆說同一件事，該合併的同類項要合併。要說能讓人記得住的話，一定要善於借助故事、數字和精簡的措辭，表達出核心觀點與結論。

第五，有一些抱怨性質的話可以換成更積極有意義的話。比如你在傳達苦衷的時候，不要直接吐槽，而是語氣淡定地分享現在面臨什麼挑戰。說話與思維方式密切相關，說出來的話也會與思維方式互相影響。

第六，少說自己和他人的秘密。因為每個秘密最終都會成為傷害他人或炸毀你們關係的雷。

第七，少說炫耀和賣弄的話。每次揚揚得意、賣弄虛榮，都會讓人覺得你很輕浮膚淺。

第八，不要試圖說服三觀與你本質不同的人。沒有共同目標的人，過往的經歷和價值觀也不盡相同。這是一個多元的社會，每個人掌握資訊和處理資訊的能力都不同，對同一個事物也會有不同的理解。辯論的結果就是關係撕裂，一地雞毛。

第九，說話語速可以放慢。

第十，說話一定要真誠。真誠有三層含義：首先，是想要表達的；其次，是出於善意的；最後，表達的時候不要扭扭捏捏、故弄玄虛。

34／學會有效溝通、換位思考

技術層面的溝通問題可以解決，認知層面的溝通問題無法解決。

卡內基認為：如果你是對的，就要試著溫和地、有技巧地讓對方同意你；如果你錯了，就要迅速而熱誠地承認。這要比為自己爭辯有效和有趣得多。

溝通成本高有兩個原因：第一個是技術層面的，沒有溝通清楚；第二個是認知層面的，各說各話，不在一個軌道上，重點不一樣。

技術層面的溝通問題可以解決，認知層面的溝通問題無法解決。

很多人喜歡預設結論，有了結論以後拚命搜刮證據。很多毫無因果關係的事情被情緒化地連接起來，尤其在涉及人際關係的地方，這實際上是溝通能力低下的表現。因為溝通能力低，特別容易產生誤解，形成定論，因此每次無效溝通都變成了對誤解的強化。

這提醒我們：

①在工作場合上不要預設他人的動機，很多人並沒有你想像得那麼不堪。

②自己要主動走出有效溝通的一步，眼中有了目標後，藉口、情緒、是非，都會統統不見。

③人必須站在更高的格局上理解職場裡的人際關係，也就是必須去除自己的部分私心。不要做一個精於算計的人，不能時時只算計自己的得失。

④必須要有換位思考的能力，很多人對他人的誤解實際上是因為缺乏同理心，不會站在別人的角度思考問題。

35／被批評時不過多解釋

被批評的時候不要推卸責任，推卸責任、尋找藉口，這會造成更大的二次災害。

消化批評很不容易，但能做到這一點的人，很難被打倒。

①被批評的時候不要過多解釋，因為批評者和被批評者的立場及出發點完全不一樣。

②被批評的時候不要推卸責任，推卸責任、尋找藉口，這會造成更大的二次災害，會導致批評的強度加大、衰退週期變長。

③被批評的時候要首先檢討自身原因，但也無須喋喋不休。

④哪怕你受到的批評超過了你應該承受的限度，**你也不應該過度表現出你的不滿情緒，即使這很難**。

⑤不要當面或在眾多下屬在場的情況下劇烈頂撞主管，如果你對主管的批評感到不滿，你完全有機會做出自己的辯解，比如可以透過郵件，用更委婉、更充分的表達方式進行。

「龍耳」為「聾」字，意味著傑出的人要學會「裝聾作啞」。

一個優秀的人，即使面臨批評，他也會說服自己關閉批評本身之外的資訊。人不應該無條件地接受所有的資訊，應該只關注那些能讓自己和事情變得更好的部分。

36／創業的10條準則

創業者，要極度渴望成功，要有任何時候都無法澆滅的一團火。

創業比拚的不是別人看到的輝煌，而是別人看不到的磨難。

①絕大部分的人終身都不適合創業。

②創業九百九十九死，一生，而且絕對不可能永生。

③創業者需要具有非常全面的能力，尤其是快速的學習能力，以及高度抗壓性。即使是華為創辦人任正非，也曾長期陷於焦慮和抑鬱當中而無法自拔。

④創業需要考慮所在產業的成長性、市場飽和度，以及當下所處的週期，不要在經濟下修的週期匆忙創業。

⑤不是因為有一個好點子，或者因為某一方面有獨特能力就可以去創業。

⑥**你在創業書上看到但卻忽略了的基本上都是真理**。在創業的過程中，你很可能會忽略這些真理，直到掉入一個個坑中。好比女人看過再多生孩子的書，在分娩的時候也會感覺到無法忍耐的疼痛。

⑦在一個更好的企業工作，同樣可以取得世俗意義上的成功。如果你能力足夠，同樣會獲得慷慨的饋贈，而需要付出的代價則相當有限，代價很有可能只是你內心的感受而已。既然如此，又何必創業？

⑧創業者，要極度渴望成功，要有任何時候都無法澆滅的一團火。一個成功的創業者，要有扭轉現實的能量。如果你只是想要自由或者覺得受盡了委屈而選擇去創業，大可不必。奇怪的是，大部分人竟然是因為遭遇了所謂的不公而去創業。

⑨找到一個互補、配合默契，又非常聰明的合作者，是創業成功的必要條件。大多數人總是一個人匆忙上路，或者找到一個各方面並不完全滿意的合夥人，最後以分道揚鑣甚至分崩離析而告終。

⑩在一個大規模的市場上創業更符合當下形勢。想要在大規模的市場上創業成功可能取決於你進場的時機、你的辨識度、你的勤奮以及從天而降的運氣。我見過太多平凡的人，在市場上成為明星；也見過太多出色的人，在孤注一擲去創業的獨木橋上，無奈折戟。

Chapter 2

認知：人生的進階法則

知識和認知最大的不同是，前者只存在於頭腦中，而後者，還需要付諸行動，並具體實驗。

01／不斷進化的12條人生原則

人經歷的事情越多，得到的經驗和教訓就越寶貴，從經驗和教訓中萃取的原則就越堅固。

原則就像地球圍著太陽公轉的軌道，人一生都應該在發現、確立和進化自己的「軌道」中。

一個人不能沒有原則，更不能固化自己的原則，將原則當作教條。人經歷的事情越多，得到的經驗和教訓就越寶貴，從經驗和教訓中萃取的原則就越堅固。此後，還要經歷更多的事情，還要進入更多人的經驗和教訓當中，最終形成一生中都必須實踐的原則。

和所有在這個世界上摸索打滾的人一樣，我也在不斷地確立我的原則。

一、**堅信的必須要堅持**。二〇二一年體檢，我的血壓、血脂、血糖都高了。醫生說有一年的觀察期，可以透過調整生活狀態來降低異常指標。如果錯過這個觀察期，那就意味著終身服藥。

身體亮了黃燈，我決定要改變。

自那之後，我每天堅持跑五公里，風雨無阻。三個月後，三高和重度脂肪肝全無。儘管一年多的堅持，我始終沒有熱愛上跑步，但我也從未停止過這項運動。我知道這項運動對我有益，我得到的回報也絕不僅僅是四十多分鐘跑步後的大汗淋漓，我需要對我堅信的事情付出一點代價，比如每天跑步前我都要花一些時間做心理建設。

二、**只做重要的事情**。重要的事情要心甘情願地做；要日思夜想、全力以赴、投入所有的資源認知去做；只要是重要的事情就一定要做成。

人在不同的階段都必須確立自己的目標，根據目標來確定何謂重要的事情。重要的事情一旦全心投入，你就可以獲得正收益，要探索到重要的事情並不容易，你必須不斷試錯，直到你找到重要的事情。

重要的事情不能太多，有兩、三件即可，甚至只有一、兩件。要確保你的注意力、你的時間、你的資源，你的認知壓倒性地投入最重要的事情上。結果無非是贏多少、輸多少的事情。

重要的事情必須心甘情願去做。即使是一個理性的人，也一定會有情緒化的時候，根據自己的好惡來決定對事情的接納和投入度。但一旦理性上確定它是重要的事情，你就必須建立起與它的情感連結。**你不一定能真正喜歡這件事情，但是你要說服自己心甘情願地完成它**，這個過程非常重要。一旦確切了解這項原則，你就會大幅地減少精神內耗。

重要的事情必須要做成。我們可以經歷一、兩次失敗，經歷很多錯誤招致的黑暗時刻，但是我們在關鍵事項和任務上，一定要贏。有些失敗是致命的，有一些勝利將關乎你的命運。要贏的心態非常重要，它決定著你的注意力與時間的分配。一場沒有退路的戰鬥，必須要贏。

三、**無法接受的就改變，無法改變的就接受，無法接受和改變的就先放掉**。大多數人做不到的也想不通，一生都在糾結、後悔和過度焦慮中度過。但我見過的優秀的人並不如此，在他一生進行的戰鬥中，哪些是可以放棄的，哪些是必須贏的，哪些失敗必須要接受，他都考慮得清清楚楚。一個優秀的人擅長歸類，權衡利害後將不同的事情放在不同的區域，用不同的策略來對付。

四、斷捨離。為學日益，為道日損——意思是如果你要學習，那就應該像做加法一樣，進入不同的地方，接觸不同的人，打不同的仗，看更多的書。但是你如果想去掌握濃縮的智慧要義，那就應該想盡一切辦法做減法，直到你沒有可以減少的東西。

一個人的一生就像冰箱一樣。你去看看你的冰箱，是否堆放著無用的、過期的、一輩子都不會吃的食品？我們不應該長久地處在一個堆砌繁雜的生活狀態中。

同樣，我們的頭腦、我們的任務清單裡，是否也有很多不應該占用記憶體的部分？要麼是無用的，要麼是過期的，要麼是陳舊的，它們既然無法與我們當下的生活工作建立高度連結，為何不清理一下，以便我們有足夠的記憶體去裝更重要、更必要、更主要和更緊要的事務呢？

一個裝滿了無用程式的電腦，無法勝任一場完美而波瀾壯闊的遊戲。

五、要付出遠超他人的努力。大部分人的努力都是三分努力、三天努力，或努力成為「表演藝術家」。他們加了一次班，就要在朋友圈昭告天下。他們把每次努力都當作是一次行為藝術，他們希望每次努力都能立刻獲得回饋。也許在某個深夜他醒來，決定改變自己的命運，又在翌日的晚上，看短片、玩遊戲、上社群軟體。

但是那些與眾不同的人卻並非如此。

我團隊中的李栢遠，是耶魯和哈佛大學最高榮譽畢業生。他早在高中二年級的時候就在托福考試中接近滿分。在高盛期間，他獲得了亞洲明星分析師的表彰。二〇二一年，他憑藉自己的作品《學習高手》幾乎占領了所有暢銷書排行榜。

他有資格「躺平」。

但是，在二〇二二年春節假期，他用比工作日更長的時間寫作，在這一年又要出版數本新作。當其他人走親訪友、吃喝玩樂的時候，他看似枯燥孤獨地面對一個更大的世界，實際上卻獲得了更多不為人知的樂趣與成就。

雷軍是我的投資人之一。在拿到小米投資的前夜，我和雷軍有過一次短暫的談話。我們約好早上九點見面，我回答他的問題。會面時，他遲到了五分鐘，向我解釋前一天開會到凌晨兩點多，回家短暫失眠。一個已經有龐大成就的人尚且如此勤奮，這給了我很大的啟發。我已經意識到，那些最成功的人，不一定是多麼幸運的人，也許還恰恰相反，他們可能曾經遭受過命運的重創，握著一手並不出眾的牌。但是他們足夠聰明，足夠堅韌，更重要的是足夠勤奮，所以才打了一場出色的牌局。

勤奮和讀書一樣，也許是一個人能夠逃離原生階層的另一個機會。

六、**迅速接受現狀**。人生不如意十之八九。在我創業的過程中，我分別經歷過恐懼、失敗、不確定性、高度風險。我曾經戲稱如果一天中我得到了一個好消息，那就一定會有一個壞消息來對沖；如果一天中有一個壞消息，也許還會有一個更壞的消息來作陪。

創業多年我所學到的，遠遠超過我做職業經理人的十幾年中學到的。每當我遭遇艱難時刻，我都會提醒自己：長久地陷在一場大雪裡並不明智，我必須果斷抽離，像看一場電影一樣，劇終後迅速回到現實。在此後的每一步，我都要相當理性，每一步都爭取做出在當時情況下的最佳方案。

經過這些年的風雨人生，我早已明白，生活就是一團亂麻，但是那些出類拔萃的人，用全部耐心和智慧將難題解決，並率先進入了下一個更加波瀾壯闊的場景。

七、絕不毫無保留地信任任何一個人。在我職業經理人的生涯中，我總是追求老闆的絕對信任。現在我已經知道，那些經歷過槍林彈雨的人，不可能無條件地絕對信任任何一個人。

一個從家庭、認知和困境的泥沼裡爬出來的人，不但要和命運抗爭，要和內心蠢蠢欲動的自我抗爭，也要和人性抗爭。

你一生打多少仗，可能就會遇到多少辜負你信任的人。朋友、親人、被視為忠誠的部屬，你曾經在黑暗中無私幫助過的人，因為種種原因，都有可能成為你的「敵人」。那些在關鍵時刻棄城而逃的、沒有經歷過檢驗的、在人際關係上習慣性抱怨和推卸責任的人，都不能真正託付信任。

上下級正確的信任姿態只能是：

①在戰鬥中找到可以託付的人；

②託付相當一部分信任；

③不斷檢驗，同時在戰鬥中逐步追加信任；

④如同放風箏一樣，信任再高，也要有一根風箏線牽著；

⑤需要漫長的時間建立完全的信任。

八、人不會永遠有屋簷可以避雨，你必須成為自己的屋簷。孩提時代，你覺得父親像變戲法一樣，手裡總能變出更多的糖。等到成人的時候，你才發現，父親手裡可能只能拿出那麼幾顆糖。

你可以在屋簷下避雨，但是總有一個時刻，你會發現自己已經成為屋簷。環顧四周，到處都是依賴你的人，而讓你依賴的只有你自己。在這個時候，你就真正地從生理學意義上的成年，進入了心理學意義上的成年。

在面對一個艱巨的戰鬥，或者在承擔一個企業、一個部門、一個家庭的重託時，這種感受尤其沉重。

一個人給你付出有限的信任，你必須用確定性來回報。如果有人負責，那你就跟隨；如果無人負責，那就讓人跟著你上。你常常要在沒有足夠資源、足夠激勵的情況下完成使命。

任何時候都不要依賴他人，任何時候都要有第一負責人的心態。假使一架飛機有四個引擎，你要成為在任何時候都不會出問題的那個。

一個人，不要總覺得自己只是分擔使命的一部分。

一個真正的成年人，任何時候都要獨立地承擔使命，以準備好在所有引擎故障時，能帶著所有人勝利返航。

九、做一個真正的專家。在一個人選擇了自己的職業後，就要儘快試圖建立自己的影響力，應該在自己從事的行業裡成為一名真正的專家。

①真正的專家，不是誇誇其談的理論家，也不是Google一下，在蒐集了一些膚淺的資料、掌握了一些術語後，就開始「教育人」的人。

②真正的專家，要去打勝仗，要去打能讓自己記得住的敗仗。

③真正的專家，站在最前線，也站在第一線。當一個人無法承擔風險、真正體會決策失敗帶來的痛感，他就不會是真正的專家。

④真正的專家，要在數據中看到趨勢，在雜音中聽到機會，在前線中聽到炮聲，

在決策中感受疼痛和喜悅。這樣的人才可能是真正的專家。

⑤真正的專家，還要善於跨界，要在其他學科和領域裡同樣形成自己的洞見。跨學科的經歷可以帶來豐富的靈感。

如果你是一位老師，那就成為一位名師吧；如果你是一個會計，那就成為一個可以託付、信任的財務專家吧；如果你經營自媒體頻道，那就要了解自媒體最頂尖那些人的運作邏輯，成為一個最成功的意見領袖。

一個人想成為什麼樣的人，才能成為一個什麼樣的人。有些人相信自己像浮萍，那就只能任風擺佈；有些人堅信我命由我不由天，那麼命運有的時候確實會對你無可奈何。

我們不想在這個世界上白活一回，都希望自己能在某些地方留下自己的痕跡。每個人都應該渴望因自己的出色和燦爛而被人記住，成為文明演化中哪怕閃爍過一瞬的星光。

我們的一生，應當有這樣的願景。

十、一**定要廣結善緣**。受過各種艱難磨練到現在，我將廣結善緣視為生命中一條重要的規則。

要建立一個跨界的、龐大的、頂尖的朋友圈，必須要有廣結善緣的主動性。對此，我獲益匪淺。我接近過很多人，他們的勤奮、謙卑、真誠、厚道、自律，給我留下了無比深刻的印象，如同星辰一樣照亮了我。

十一、絕對不要做一個批評家。每個事物的運作都有它的邏輯可言。當我創業後，我見證到了企業家的種種艱辛，此後回味當年的指點江山，就感覺到相當羞愧。因為每一個被廣為批評的事物，背後都有其邏輯可言，都有其不為人知的艱辛。

我的創業經歷對我的人生觀塑造遠甚從前。我不再尋求改變某些人，我也不願意站在某個更高的立場去批評某些身處困境的人，如果我有餘力，我就拉一把；如果沒有餘力，我就做啦啦隊中的一員；如果離得太遠，我也絕對不會落井下石。這個世界所呈現出來的不是這個世界的全部，哪怕資訊再豐富，再接近所謂的事實，它也僅僅是真相的一部分而已。

十二、絕不辯論，也絕不回應質疑。我做過中國最大部落格平台——是新浪部落格的實際操盤者，曾經參與和發起過眾多議題輿論。在短短六個月的時間裡，一個嶄新的頻道成為流量龐大、互聯網公司的第一大頻道，每天的訪客達千萬人之多。那時候我深信對話、辯論、公開的回應，大有建設性。

但我現在不這麼認為了。人和人的認知雲泥之別，很少有兩個人能夠在同一個脈絡中展開對話。很多對話都只是各說各話，你無法改變一個人的立場，每個人都在拚命搜刮有利於自己立場的證據。受眾也在觀看一場鬥爭最初的時候，站好了自己的立場，很難發生根本性的改變。

我也曾經被非議過，有一些是無稽之談，有一些是捕風捉影，我曾經身心俱疲地回應過，但後來發現這些無濟於事。在經歷了一輪又一輪的蜚短流長後，我意識到，不回應就是最好的回應。

誤解一旦產生，它就永遠產生了，此後只能隨著時間的流逝而消弭。任何辯解，都只能給看戲的人帶來新的閒話題材。在理性無法深耕的土地上，人們習慣聆聽率先發聲的人，並且先入為主、指手畫腳。

02／在不確定的迷霧中安全抵達目的地

不確定不可怕，怕的是高度確定的風險，怕的是風險彌漫，信心全無。

①不確定是常態，所有的成長和機會都藏在不確定當中。

②從不確定中獲益是目標。

③不要恐懼不確定，要學會與不確性為伍。

④要對不確定有敬畏心。面對完全超出自己認知的不確定時，要極度謹慎。可以把不確定比喻成一場大霧，在伸手不見五指的大霧中不要飆車，以免導致無法挽回的傷害。要學會冷靜觀察，小心試探。

⑤**大多數人在止步不前的時候，對於你而言可能是一個機會**。在可以承受損失的範圍內，不妨勇敢一些。

⑥「不確定」由風險、機會和確定性組成。要尋找到不確定當中最具確定性的東西。市場再差，也會有交易雙方形成共識的東西。找到那些頂尖的、安全的、稀缺

的、有辨識度的東西，果斷下注。

⑦不但要在單筆交易中設置一個停損點，更要設定自己、家庭和企業的安全水位，確保基本儲備不能低於安全線，哪怕遇到特別大的誘惑。

⑧總是有高手能夠掌握或部分掌握這場不確定迷霧的規律，接近那些人並和他們共同作戰。他們對風險、機會、回報率、風險承擔都有深刻的理解。他們是所有不確定當中最大的確定性。

⑨現金為王。

⑩不確定不可怕，怕的是高度確定的風險，怕的是風險彌漫，信心全無。在某些時刻，必須選擇「躺平」。「躺平」從價值觀角度而言毫無建設性，但在方法論上，有其相當積極的意義。

03／變動思維

人的能力是沒有極限的，人的可能性也是沒有極限的。

擁有變動思維，一個人就會變得像磁石一樣具有吸引力。

不要根據你擁有的資源、認知、能力去定義一件事情的可能性。

你要根據你的目標去分配、去拓展你的資源、能力和認知。

不是因為你有什麼，而是因為需要你有什麼。

在一個擁有變動思維的人看來，一切都可以成長，一切都可以為我所用，人的能力是沒有極限的，人的可能性也是沒有極限的。

一切皆有可能。

04／什麼樣的人容易成功？

我沒有見過任何一個真正成功的人是懶散的，他們像一個永不停止的發電機，不停地探索。

在二〇年的職業生涯中，我見過無數的成功者。所謂成功者，有很多面向，但我習慣從影響力來判斷一個人是否成功。這些成功者形形色色，有著完全不同的個性。但仔細觀察可以發現，他們也有很多共通性。我可以試著為成功和成功者描繪輪廓，或許對大家有所啟發。

①週期（經驗的累積）。週期對塑造成功者影響最大。

②思維方式。成功者大多願意承認自己的不足，善於學習，不懼怕挑戰，不給自己設限，善假於物，對新事物擁有強烈的好奇心和求知慾，常常能夠與時俱進。

③他們都極度渴望成功。能成功的人，擁有非常清晰的目標，強烈地希望自己能夠與眾不同，擁有持續不斷的驅動力。

④他們都有一種或幾種核心能力，或技術，或技能，或手段。他們在某些方面深度學習，是真正的專家。或者他們找到了突破點，能夠讓一門學科、一個行業、一個企業呈現倍數增長。

⑤他們都非常勤奮。我沒有見過任何一個真正成功的人是懶散的，他們像一個永不停止的發電機，不停地探索。

⑥他們都極具韌性。遭遇坎坷挫折無數的孔子、屢敗屢戰的曾國藩、下身癱瘓的張海迪、罹患癌症的稻盛和夫、三次創業才取得成功的張一鳴，他們經歷過常人無法忍受的痛苦，韌性十足，一次次被打壓，又一次次重生，就像好萊塢大片裡埋在廢墟的男主角，最終從廢墟裡爬出來，成就了自我。

⑦他們的人生均非坦途，一般而言都沒有拿到一手好牌，但他們利用資源的效率很高，在長期的探索中經歷過不少錯誤，甚至遭遇過重大的失敗，他們對錢、對信任、對風險都有著與常人迥然不同的理解力，不斷地尋找萬事萬物成敗的規律，並將觀察變成自己的一部分，落實認知不斷進化這件事。

⑧他們不斷擴展自己的朋友圈，建立了深厚的人際關係網絡，敢於求助，善於求助，也全力以赴地幫助和他旗鼓相當的人。

⑨他們不是完人，性格上常常有缺陷。他們不追求在每方面都獲得一個大致良好的平均分，但是在某些能夠產生重大價值的面向敢於冒險，敢於下注、敢於殊死一搏，常常創造出巨額收益。

⑩聰明人和他們溝通成本很低。因為他們坦率、真誠，不追求表面的善意，不一定會照顧他人的尊嚴和面子，對所謂面子通常不屑一顧。他們有可能粗暴，也有可能可愛，與他們接觸，他們能迅速地給你留下深刻的印象。

⑪一般而言他們堅信常識、邏輯和理性。不尋求改變無法改變的人，不在無法產生價值和影響力的地方浪費時間，喜歡對等或和更高水準的人建立關係。他們還常常因為有跨領域的朋友圈和學識，產生很多匪夷所思的奇思妙想，並且在日後一舉扭轉現況。

⑫一個人無法在一生中取得所有戰鬥的成功。如果人生是一場戰役的話，成功是一城一池的得失，是一場場的戰鬥。一個人能取得這些戰鬥的勝利，常常還有一些運氣的成分。

05／我理想的成功：敬天愛人、自利利他

如果有八個字可以定義成功，那我願意用這八個字來形容我理想的成功：敬天愛人、自利利他。

每個人對成功都有不同的定義，我對成功者的定義有以下五層含義。

①要成功做一、兩件大事，根本上改變了自己、家人或者很多人。

②要具備影響力。一個在某個領域裡成功建立起影響力的人，才有資格說自己是一個成功者。

③一定要經歷過失敗，甚至重大的失敗。一個沒有經歷過失敗的人，無法理解成功，也無法被更多的人理解。也就是說，成功不僅僅意味著功成，更是一個系統性、循環性的事物。它具備偶然性，但絕非「偶然」能概括。真正的成功與成長有關，與思維模式有關，與價值觀有關，與認知有關，與可持續性有關。**成功與其說是一件事情，不如說是一種模式**。

④一個真正的成功者要有所敬，有所畏。一個人取得了一點成功，就以為自己

「手可摘星辰」，萬事萬物都不在話下。那不是真正的成功。因為做事既無底線，又無上限，不知道謹慎為何物，也不知道謙卑為何物，頤指氣使，功成皆在我。這哪裡是成功呢？這不過是災難的序曲，是命運的貓在捉一隻老鼠前的戲弄而已。

⑤所有的成功都應該是一群人的成功，一個人的成功，不叫真正的成功。一個功利的，毫無利他之心的人就算當了很大的官、賺了很多錢，沒有分享，沒有影響，沒有迴響，也不過僅僅是發了點財罷了。稻盛和夫說要敬天愛人，要自利利他。這不是對成功的定義，但如果有八個字可以定義成功，那我願意用這八個字來形容我理想的成功：敬天愛人、自利利他。

06／不同認知會看到不同風景

每一個認知高的人幾乎都要經歷認知的四個階段，才能夠不斷成長。

決定成年人發展道路的不是單純的智商，也不是情商，而是認知。一個人的認知是自己過往所有經驗和教訓的總和，認知高的人，認知是很多人經驗和教訓的總和。

每一個認知高的人幾乎都要經歷認知的四個階段，才能夠不斷成長。這四個階段是：你不相信你看不到的、你只相信你看到的、你相信你沒有看到的、你相信你看不到的。

認知無所謂好壞，但有高低之分。一個人在山下看到的，和在山腰、山頂上看到的並不一樣。

最重要的，**認知不是孤立的腦中觀念，而是心甘情願相信的、是身體力行堅持的。否則，認知不過就僅僅是他掌握的知識和念頭而已。**

一個人之所以成為今天的人，是由讀過的書、見過的人、經歷過的事情共同累積而成的，有時候是你的老師們共同構成的。一個人富裕或貧窮，疾病或健康，善良或邪惡，很多時候也是認知的產物。

那麼，如何提升自己的認知呢？給大家分享四個面向：

①從自發到自覺，開始能分辨人生的目的。

②從做心甘情願的事到心甘情願地做事，開始分辨何為正確。

③從已知到可知，開始走出經驗。

④從自以為是到自以為非，開始覺察自我。

07／認知高的人有8個特徵

認知高的人，會讓你意識到，一個平凡的人完全可以不陷入平庸。

認知高，不會寫在一個人的臉上，但卻會展現在言行當中。

①認知高的人，常常能徹底接受現實，並想辦法讓有利於自己的部分越來越大。

②認知高的人，會在生活、工作之外，安排出相當的時間去學習。他們的學習模式是隨時隨地的，他們獲取資訊的密度、深度、廣度都與平常人在數量上有著非常大的差異。

③認知高的人，向前看，向積極而看，絕不內耗。

④認知高的人，被命運隨機分配的不公、艱辛，可能要遠甚於他人，但是他們在經歷短暫的驚慌失措後會奮起直追，絕不言敗。

⑤認知高的人，能夠向下包容，也能向上包容、向左向右包容。包容是同情心和同理心的總和，人們總是對遠處的人產生同理心，對不如自己的人產生同情心，卻不

知道包容才是真正的美德。比你強很多的人更能理解溫和、感恩、寬厚這些詞彙。他們不會道德綁架你，不會情感勒索你，不會輕易產生羨慕、妒忌、恨。

他們深知每個人一路走來的不易，不會讓你孤立無援，不會平白無故產生惡意——惡意常常產生在你親近的人身上，或者你曾經極大程度上改變、幫助和成就過的人身上。認知高的人能感恩所有幫助過他的人，理解有怪異觀念的人，原諒傷害過他們的人，親近美好而簡單的人。

⑥認知高的人，會讓你意識到，在弱肉強食的叢林、人聲鼎沸的菜市場之上，有一片星空，那是由常識、理性、邏輯和想像力組成的另一個世界。

⑦認知高的人，會讓你意識到，一個平凡的人完全可以不陷入平庸。

⑧和認知高的人溝通成本會很低，你相信他，他也會全力以赴。

08／認知低的人總是隨機抓救命稻草

一個認知低的人不會學習，他只會一遍遍強化和僵化他那少得可憐的認知。

①認知低的人有一個非常大的特點，不願承認自己有錯誤。如果發生錯誤就推到他人或客觀情況上，不但無法察覺自己的錯誤，更可怕的是即便撞得頭破血流，他依然繼續強化自己的錯誤。這是因為他的思維模型非常少，而且無法包容更高階的思維模型。

②認知低的人喜歡非黑即白、非敵即友、非好即壞。認為敵人的敵人就是朋友，認為自己看不慣的就不應該存在。他們不知道這個世界的複雜，不知道掀起一場消滅眼鏡蛇的運動不但讓眼鏡蛇越來越多，還會帶來其他生態災難。不知道這個世界上的萬事萬物是共生關係。

③一個認知低的人不會學習，他只會一遍遍強化和僵化他那少得可憐的認知，還狂妄地認為沒有自己不知道的，也不認為自己會犯錯，因此拒絕糾正錯誤。

④無法包容他人，傾向傳統的覺得簡潔的方式缺乏深度，傾向簡單的認為傳統的方法過於繁瑣……本質是認知不相容，實際上就是認知低的表現。他們的頻寬不夠，記憶體不夠，無法包容。

⑤喜歡先入為主，然後蒐集證據證明自己。

⑥諱疾忌醫，熱衷於做鴕鳥。他們對發現問題的恐懼超越了問題的本身，習慣把更多注意力放在情緒本身而非事物本身上。

⑦受迫害妄想，總覺得被別人欺負。

⑧堅信天上掉餡餅，覺得發財指日可待。

⑨陰謀論，不習慣從資訊中找事實，但習慣按清宮戲的套路，編織一個能自圓其說的陰謀。

⑩盲目崇拜權力。他們敬畏權力，而缺乏悲憫。他們聽風就是雨，人云亦云。

⑪喜歡在怪力亂神中抓救命稻草，與理性、科學、邏輯、常識絕緣。

⑫道德至上，有一種莫名的道德優越感。

⑬習慣被灌輸資訊。他們要麼只相信他們看到的，要麼只相信他們喜歡的，要麼只相信大聲的，要麼看到什麼就相信什麼，卻不懂邏輯、理性、常識和根據為何物。

09／不要和認知不同的人辯解

注意力是非常寶貴的資源，不應該耗費在無關緊要又無法改變的人和事物上。

為什麼不和認知不同的人辯解呢？

①溝通成本太高。花在辯解上的時間完全可以用來完成更重要的事情，況且與認知根本不同的人，幾乎是無法形成共識的。

②認知低的人常常預設立場，凡是有利於他的資訊，哪怕是假資訊，他也如獲至寶，而不利於他的大量資訊，他要麼懷疑造假，要麼選擇性略過。

③認知低的人很容易情緒化，他把與自己觀念不同的人的辯論，視為對方對他尊嚴的挑戰。你說一句他說十句，最後辯論往往會變成吵架。

④重要的目標是做出來的，不是辯論出來的。一旦發現對方總是抬杠，果斷停止辯論，附和幾句後，轉身去忙更重要的事情，我們的注意力只應該放在最該放的地方。注意力是非常寶貴的資源，不應該耗費在無關緊要又無法改變的人和事物上。

10／市場永遠是正確的

一個堅信長期主義的人，可能只是恰巧趕上了一個穩定的週期而已。

市場由大眾建立、構成，不受個人意志左右。

①市場總是不確定的。

②市場總是正確的，不要質疑市場。

③人們總是對市場缺乏敬畏心。

④人們從經驗中得到的經驗，總是比從教訓中得到的教訓更多。

⑤政策變化也是市場的一部分，不要將政策和市場孤立開看。

⑥要接近那些經歷過多個循環，以及在一個循環裡有過「雲霄飛車」經歷的人。

⑦一個堅信長期主義的人，可能只是恰巧趕上了一個穩定的週期而已。

⑧**可以被市場打敗，但永遠不能被市場摧毀，要設立好底線。**

11／做一個理性的感性主義者

理性教我們尊重邏輯，看清現實；感性讓我們擁有溫度，敢於表達，嬉笑怒罵。

理性與感性並非一直對立，絕不能用「一體兩面」來形容理性與感性。我們的身體、思想、情感，都是一個容器，理性與感性交匯其中，濾掉任何一種，都不再完整。

理性教我們尊重邏輯，看清現實，明晰目標；感性讓我們擁有溫度，敢於表達，嬉笑怒罵，有血有肉。

有時我們分不清快樂或痛苦的感受，究竟是來自理性還是感性。這樣的時刻，酷似沉浸於「對與錯」的茫然中。客觀地看待「對與錯」，便會像下圍棋一樣對待理性與感性——盤中哪些是黑子、白子，一目了然。

對待未知時，要堅持以理性為主，而對於生命本身，不妨更感性一些，不用過度計算每一次瑣碎的得失。

對於重要的事情，必須堅定地樂觀，但在目標尚未達成之前，要保持足夠的悲觀，做好備案，防止最壞的、不可解決的狀況發生。

大部分時候，面對生活上的柴米油鹽，工作中的疾風驟雨，都要在第一時間迅速看清現狀。無論你是一個人，還是代表一個家庭，抑或一個團隊，都要學會精密計算，確保所有人不立於危牆之下，能夠走出命運安排的一個個泥沼。

但生命的不同時刻和階段，擁有不同的意義，不能都用來與世俗共舞。夜深人靜的時候，無論是往事浮現，還是夢想閃過，我們都應該允許自己的身體或靈魂，在最初的理想國度搖曳片刻。

要有神仙氣，也要有煙火氣。要成事，也要學會接受失敗。要高度自律，也可以允許一次不計得失的付出，比如從世俗角度看來並無建設性的嗜好發生（像偶爾喝二兩白酒）。要親近那些給予你能量的人，也要對這個世界的失敗者，有不只片刻的悲鳴心和同理心。在人聲鼎沸的時候歌唱，在陷入絕境的時候與周圍的人擁抱。允許在一個沉悶的午後，海嘯發生。

12／做一個超級現實主義者

超現實主義者意味著，你要接受最壞的情況最終發生。

①永遠要接受現實。事情已經發生了，這就是現實。少問為什麼（why），多問自己怎麼辦（how），這是一個超現實主義者的第一原則。

②從現在開始，你每一步都為最大限度減少損失而努力。

③你必須調動所有的資源、認知等，在關鍵的時候，做唯一正確的選擇。你應該堅信，在你看不到的地方，有一把鑰匙在等著你。

④你必須減少或停止情緒上的任何內耗，除了讓事情更糟糕，毫無意義。

⑤超級現實主義者意味著，你要接受最終發生最壞的情況。

13／人生需要做好的5件事

在力所能及的情況下服務社會，幫助他人。

我們的一生，無非就是做好以下幾件事情：

①管理好自己的身體。

②管理好自己的情緒，消除精神內耗。

③服務好自己的家庭，讓家人生活幸福。

④做好本職工作，做一、兩件了不起的事情。

⑤在力所能及的情況下服務社會，幫助他人。

14／人生的加減乘除

人生的加減乘除，可以讓我們更好地前行。

人生的加減乘除，就像汽車的油門和剎車、方向盤與方向燈，可以讓我們更好地前行。

我認為的人生四種基本方法如下：

第一，加法。不斷學習，拓展人生的視野和深度。

第二，減法。拒絕誘惑，學會斷捨離。

第三，乘法。調動所有的資源、資訊、認知、朋友圈，聚焦在根本的事情上，共同作戰，事半功倍。

第四，除法。不斷在自己和他人的經驗教訓中淬鍊出自己的原則，不斷優化。如果這些原則能惠及他人，則是再好不過的了。

15／想「躺平」要先想到夢醒之後

選擇成為鷹那樣的「獵手」，即便在「躺平」的間隙，也不忘從高處俯視觀察，不斷尋找最重要的機會。

①「躺平」是大多數人的期望，但大多數人顯然不具備「躺平」的資格。

②有資格「躺平」的人，可能恰恰是最不「躺平」的那群人。

③你可以一時「躺平」，但不可能一輩子「躺平」。「躺平」是以犧牲個人的將來以及家庭的前景為重要代價的。

④可以「躺平」的人，要麼家底殷實，要麼清心寡欲，要麼有人替他負重前行——但這仍然不是一個人可以隨便「躺平」的理由。攀越的時候太艱難，而墜落的時候，卻又太容易。

⑤即使把自己放得再低，也是一名完整的社會人。只要是社會人，你就得承擔起對自己、對家庭、對社會的責任。完全放棄所有責任的，實際上就是巨嬰。

⑥「躺平」是一場黃粱美夢，但夢總有醒的時候。醒來的那一刻，即使再不情

願，也要掙扎著站起來，走出門去開始奮鬥。

⑦我一直對「製造焦慮」這個說法心懷警惕和質疑。**指責別人「製造焦慮」的，不過是被準確點到了痛處而已**。一個充滿機會與陷阱、通道有上升有下降的社會，有焦慮再正常不過，我從未見過一個有責任和擔當的人不焦慮的。重要的是，你要去努力接納焦慮、與其共處，而非拒絕和逃避。接納才能改變，拒絕毫無意義。

⑧那些在校園裡珍惜時光、拚命學習的學子，那些奔波於大街小巷匆匆忙忙的快遞員與外賣小哥，那些苦苦掙扎的中小企業主，那些在朝九晚五外擠出時間學習新技能以期改善生存處境的職員……無數個他們，推動了國家和社會的欣欣向榮。

⑨「躺平」作為一種價值觀，不值得提倡，但作為一個方法論，有時也具備一定合理性。比如，在充滿不確定性的時代，慢就是快，小就是大。一隻鷹，不是任何時候都要出擊。在「躺平」時，牠冷靜觀察，養精蓄銳，尋找和靜待獵物，接著在最關鍵的時刻，完成致命一擊。

不甘於「躺平」的人，要選擇成為鷹那樣的「獵手」，即使在「躺平」的間隙，也不忘從高處俯視觀察，不斷尋找最重要的機會。

16／讓人疲於奔命的「精益求精」

主管或部屬發現了問題，卻掩蓋問題，或者革除提出問題的人，也是內捲的常見形態。

真正的「內捲[註]」是如下：

①管理階層低水準決策，造成員工疲於奔命。
②部屬為了應付主管而做出無意義的「假勤奮」。
③企業領導人不追求「裡子」而追求「面子」的形式主義。
④會議中不恰當的議題討論，以及議而不決帶給所有人的身心疲憊。
⑤跨部門合作各自心懷鬼胎，無法協作。
⑥不產生任何價值的所謂「精益求精」。
⑦主管或部屬發現了問題，卻都不解決問題，而是掩蓋問題，或者革除提出問題的人，也是內捲的常見形態。
⑧產業鏈上下游、合作夥伴之間、合夥人之間、投資人和被投資的企業彼此法務

設置的陷阱，就像電影《射鵰英雄傳之東成西就》互相下蠱，然後互相敲鼓讓對方肚子疼的戲碼，這些都是真正的內捲。

註：中國用語，組織內部的人競爭激烈，只能透過高度的努力和犧牲，取得一點點競爭優勢，例如升職或保住職位，甚至只是不要被裁員或排擠。

17／盡心盡力 對自己負責

聲稱自己做不到的人，實際上是投機取巧的人，他們只是想透過表達自己無能為力來拒絕一個工作安排。

當我們說「盡心盡力」的時候，我們究竟在說什麼呢？

盡力，其實就是投入足夠的時間。

盡心，是在解決難題過程中不斷提升自己的認知，讓自己的認知不斷進化，如從一個小井到大井；如從一座山的山底到山腰，再到頂峰。同樣的難題，認知程度不一樣，嘗試解決時展現的能力也不一樣。一個人認知水準越高，解決難題的能力越強。

這個世界不存在不會做、不能做，只有不想做、不去做。

那些聲稱自己做不到的人，實際上是投機取巧的人。他們只是想透過表達自己無能為力來拒絕一個工作安排而已。他們只是自以為很聰明，覺得可以逃避掉一件又一件的工作任務而已。

但是「劇終」的時候，結果不會撒謊。

18／什麼是真正的能量？

有些讓你覺得飄飄然，如沐春風的話也未必就是正能量，它們有可能是謊言，有可能是安慰劑，還有可能是毒藥。

沒有被濫用和汙名化的正能量，就是能在某一刻溫暖你、富足你、激勵你、點燃你、讓你變得更好的能量。這種能量不一定要以你喜歡的形態呈現給你。

有時候你會相當抗拒，但它們如果在某一刻激勵你，讓你意識到你必須改變自己，向那些更優秀的事物、人物看齊，它們當然就是正能量。

同樣，有些讓你覺得飄飄然，如沐春風的話也未必就是正能量，它們有可能是謊言，有可能是安慰劑，還有可能是毒藥。**從這個意義上來講，它們才是真正的負能量。**

19／人生6力一個都不能少

一個人最重要的資源就是注意力，要善待這些注意力。

願力、心力、體力、注意力、努力、耐力一個都不能少，而且要堅信它們都是後天習得的產物。

①願力，其實就是目標力。過去有句話講，有的人立常志，有的人常立志，立常志比常立志當然價值更大。一個極度渴望成功、將成功具體化的人，一刻也不會忘記目標，也會透過努力更接近成功。

②心力也很重要。所謂心力，就是讓自己免於精神內耗的能力。無論遭遇什麼樣的挫折，人都應該以平和的心態應對。

③體力是我覺得特別重要的一件事。一個人想要體力好，不僅要有對身體的正確認知，還要把這些認知變成習慣，比如早睡早起、生活方式改善、運動，等等。我記得我初就業的時候，主管陳彤說他最喜歡用兩種人：第一身體好；第二記性好，這句

話對我影響頗大。

④注意力也至關重要。一個人最重要的資源就是注意力，要善待這些注意力。大部分人的注意力分配不自覺，始終不能分配給主要、重要、緊要、險要和必要的事情。除了這「五要」，其他都可有可無。

⑤努力也很重要。大多數人的努力，都是三天努力，三分努力。但是日本經營之神、人生之師稻盛和夫說，要付出遠超於他人的努力，這是他的價值觀和方法論，也是我堅信的原則。

⑥還有一個是耐力。小時候我讀曾國藩的書，提及他呈給皇帝的奏摺，幕僚草擬的是「屢戰屢敗」，他改為了「屢敗屢戰」，當時以為他在玩文字遊戲。但隨著年齡漸長，我越發明白，這哪裡是一字之差，這是曾國藩心境的徹底進化，結硬寨、打呆仗[註]，不拋棄，也絕不放棄，這需要何等堅韌。

註：曾國藩打仗，喜歡「結硬寨，打呆仗」，意思是，打仗時到了城池外先勘察地形，選好紮營地、挖壕溝，做好戰備，然後伺機而動。

20／多數事情可以透過談判解決

哪怕一個再難搞的人，也一定有他的核心利益訴求。

成年人世界裡的通用語言就是利害。

就像韓寒電影《後會無期》裡的一段故事：三個年輕人去闖蕩世界，途中住旅館，遇到「仙人跳」，陳伯霖飾演的江河想勸女生從良，女生的江湖大哥卻說出一句金句：「小孩子才分對錯，成年人只看利弊」。

雖然這話說得有點簡單粗暴，卻也道出了成人世界背後的某些規則。

哪怕一個再難搞的人，也一定有他的核心利益訴求。**在遇到事情的時候，不要慌張，不要過度焦慮，要堅信大部分事情可以透過談判去解決**。要搞清楚對方真正的意圖，以及對方和自己的底線，不停試探、不斷磨合，有時候還需要一些情緒化表達，直到你想盡一切辦法找到共同點。

21／同理心更高貴

有同情心的人固然可貴，但那些有足夠包容能力、有同理心的人，才更珍貴。

同情心有時會顯得廉價，但同理心永遠不會消失。

同情心容易，同理心難。

同情心常常是向下包容的能力，而同理心，則需要向上、向下、向左、向右去包容。

同情心常常出於本能，同理心卻要有相當的認知能力才可以做到，同理心是一種大多數人不具備的高級情感。

一個擁有同情心的人常常被視為高貴的人。但我認為，有同情心的人固然可貴，但那些有足夠包容能力、有同理心的人，才更珍貴。

22／惡意常常來自身邊的人

僅僅是他覺得你比他過得好，又或僅僅是因為他覺得你給他的不如他想像得多。

菜刀最容易傷到手指，雖然更多時候它幫你製作美食。

惡意常常發生在身邊親近的人身上。

常常沒有來由，又或僅僅是他覺得你比他過得好，又或僅僅是因為他覺得你給他的不如他想像得多。

如果你看不慣又幹不掉一個人，那你就給他打個低分吧，大多數人都是這麼做的。

23／人們總在不安和不幸中選擇不幸

對於人性不能心存僥倖，當一方違約沒有成本的時候，不幸必然降臨到另一方。

我們時常刻意忽略不安發出的信號，抱著僥倖心理，最後一次次為不幸的後果買單。

四年前我們的一個版權很快就名花有主，被影視公司買走電視劇改編權。不久後一位有潛力的導演看上了這個故事要拍電影，就找到了我，表達了強烈的喜愛之情。

其實從內心來說我感覺不太適合改編電影，就沒有拿電影版權，但在導演的懇切要求下我專門為他買了電影版權，我知道這故事商業性不夠，偏小眾文藝片。

從市場前景和開發的不確定性來說是有風險的，但是考慮到導演的才華和潛力，以及他對這個小說的喜歡程度，我雖有隱憂但也不好意思拒絕，雖有猶豫還是出了這筆錢買了小說電影版權。

我們並沒有跟導演有任何文字協定，導演方只出智慧不用出資金，成本我們承擔，憑君子協定就開拍。過程曲折，反覆多次，導演後來也沒有了積極性，最後無疾而終，我們承擔了成本。

還有一個很有影響力的熱門作品，當時有一位知名導演很喜歡，想跟我們合作。其實按照商務邏輯，對方必須得先付版權費才能進入有效合作，或者至少要付一半版權費。

但因為對方是大導演，在影視產業的地位也比較高，公信力同行皆知，合作項目未來可期，於是皆大歡喜一拍即合，沒讓他付版權費就答應合作要求。接下來的幾年，作業斷斷續續，似乎並沒有被作為導演看重的專案緊鑼密鼓進行。市場也在不斷變化，從他們的態度和進度來看似乎是可做可不做的項目。

於是五年過去了，劇本依然沒有成型，版權到期，我們不僅損失了一個好作品，還在資金上損失慘重，後來我們再想續約，價格已經高達一千多萬人民幣。

其實中間我也有過擔心，就憑君子協定如果出了意外，是沒有法律約束的，這種損失將會由我方獨自承擔。但是也會想，大家都是君子，有很多共同的認知，相信不會有意外。

但是事與願違，該發生的還是發生了。現在想來可能是出於鴕鳥心理，不太願意面對比較殘酷的可能性，或者要面子，怕被對方認為我們以小人之心度君子之腹，因而沒有及時補救，比如簽訂違約協定、補充違約條款。

現在想來，**其實對於人性不能心存僥倖，當一方違約沒有成本的時候，不幸必然降臨到另一方**。沒有法律效力的約定，最後我們只能承受巨額損失的不幸。

24／重複博弈中的善良

善良和寬容的人也許會輸掉一場短暫的戰役，但一定可以贏得一次長期的戰爭。

善良，也可以是一個人的「武器」。

美國著名科學家羅伯特・艾瑟羅德（Robert Axelrod）自一九七〇年開始，透過一系列電腦模擬、人機對抗等科學實驗證明：在連續和重複的博弈中，勝算最大的要素是善良和寬容，這種善良在短期博弈中也許會吃虧，但長期一定能得利。

什麼叫重複博弈中的善良呢？

從不率先背叛，這也是著名的「以牙還牙」（tit-for-tat）戰術的特點，基本行為準則：在第一回合，不管對手是誰，都會預設選擇合作，之後，每一回合的行動則取決於對手上一回合的表現，對手背叛，我背叛；對手合作，我合作。

但是也確實有一種人，在他們的框架中，你對他的所有付出，他都視而不見。他對你卻是無盡的要求。只要有機會，他總是把自己當成受害者，歇斯底里，挑剔，甚至威脅你。這樣的人，要麼讓他離開，要麼你就躲得遠遠的，你沒有時間與他周旋。事實上，絕大部分人都不具備和他交往的能力。

因此，要注意避開那些利用你的善良「得寸進尺」的人。你要有足夠的觀察力，對於那些「得寸進尺」，甚至借機「勒索」你的人敬而遠之。如果被迫發生交集，甚至對你造成了傷害，你必須要有能力給他致命一擊。

25／學會善良但不要軟弱

每個人的善良必須劃清界限，想清楚在哪些地方可以付出和讓步，在哪些地方則寸土不讓。

善良讓我們強大，而不是讓我們看起來可欺。

善良和軟弱是兩回事。

真正善良的人有光芒，有底線，堅毅果敢。

軟弱是一種心理缺陷，經常會毫無原則地選擇，也會不明是非，容易招來禍害、是非。

每個人的善良必須劃清界限，想清楚在哪些地方可以付出和讓步，在哪些地方則寸土不讓。對於侵犯底線的人要亮出紅燈，不讓任何人有可乘之機。

善良常常是無法改變的基因，但是我們都要學會如何不軟弱，這是一個很艱難的自修課，**否則我們很可能躲過了敵人的子彈，卻會被自己的善良打倒**。

26／你無法對抗變化但可以提升自己

只有這些拚命提升自己的人，才擁有逃離藩籬的梯子。

變化是「黑洞」，我們可以改變穿越它的速度與角度。

所謂命，是週期，是基因，是你無法選擇的部分，是所有人或一部分人或一家人的業力，是存量。

好的變化，所有人雨露均沾；不好的變化，所有人如同在大海中沉浮。

你無法對抗變化。就像在一個牛市的股票市場，閉著眼睛都可以做出正確的決策，還可以號稱自己是時間的朋友，相信長期主義。但在一個熊市的股票市場，誰又能知道一些明星公司的估值甚至一夜腰斬呢？即使是度過好幾個週期變化、號稱股神的巴菲特也曾遭遇滑鐵盧，損失慘重。

所謂運，是認知，是開放性，是可能性，是變數。一個人開放性越強，他越有可能提升自己的認知。

誠然，我們無法挑戰「命」本身，所有人都在命運的牢籠裡。但我們要堅信，命本身不會帶給我們完全無法承受的傷害。如果一個人在遭遇重擊後還能夠從正向的角度思考，能夠意識到這次災難給予自己的訓誡，並讓這次反思成為自己的一部分，那麼他就有可能提升自己的認知。而卓越的人，都會讓自己的認知累積成一個龐大而精密的決策機器。只有這些拚命提升自己的人，才擁有逃離藩籬的梯子。

從這個意義上而言，確實我命由我不由天。這也就是即使遭遇重創，巴菲特依然可以在二〇二一年取得九百億美元收益的一大原因。

27／要有同時打贏兩隻怪獸的能力

有的時候，你要知道，有的怪獸是你自己招惹來的。人的認知不到位，常常會給自己惹來無妄之災。

人生就是「打怪獸」升級的過程，打完一個怪獸再走上另一條打怪獸的路。如果要同時打幾隻怪獸，那就需要分好優先順序。

要培養自己能同時打贏兩隻以上怪獸的能力。

有的時候，你要知道，有的怪獸是你自己招惹來的。人的認知不到位，常常會給自己惹來無妄之災，這就是人要一直學習的原因。

學習有很多個層面，有的是你的專業，有的則是關於生命本身。

一個人的一生，至少應該成為兩個部分的專家——你的職業和你的身體。

因為對身體認知不夠，導致那些怪獸變成大怪獸，它們介入了你的生活，讓你和家庭陷入「長夜」，這是非常糟糕的事情。如果在這方面的認知上不斷精進，在戰場上遇到大怪獸的可能性就會變小很多。

28／每個學習念頭 都是未來的你在求救

在一個劇烈變化的時代，一個衣食無憂的精英也有可能一夜歸貧。這絕不是危言聳聽。

因為工作關係，我和很多企業家、投資人、教育家、知名人士都有過接觸和交流。那些具有影響力、事業上順風順水的人，都非常注重學習。

曾任湖南廣播影視集團總經理、湖南電視台（總台）台長的歐陽常林就是一個非常典型的學習型的人。我和「歐台」熟識於我在盛大文學工作的那幾年。當時，他經常約不同的年輕人，包括作家、製作人，甚至搜尋引擎的專家等，和他們交流。他總是充滿好奇心，你說一個事情，他就會有一堆問題等著你解答。在和「歐台」大量的交流中，我發現很多自己曾經堅信的事情，同樣可能土崩瓦解。對於我而言，這是一個寶貴的學習過程。

歐陽常林這位持續學習的企業管理者、媒體人，在掌舵湖南廣電期間，創造了湖南衛視「電視湘軍」[註1]的奇蹟，這一點都不令人吃驚。

如今是一個巨變的時代，國際風雲變幻莫測，「黑天鵝」事件此起彼伏。很多產業的底層邏輯都在被重建，技術發展迭代的速度也越來越快，互聯網1.0言猶在耳，2.0尚如火如荼，3.0就嶄露頭角了。元宇宙、碳中和、超級IP[註2]、虛擬實境、虛擬偶像等層出不窮，蔚為大觀。一個人不但應該成為本專業的專家，更要不斷刷新自己的知識系統；不但要在本業叱吒風雲，也要跨界去掌握新的觀念。

在一輪一輪的學習週期中，我們要不斷努力獲得進入下一個週期的通行證。

沒有一個人的經驗值，可以保證他在下一個週期內不被怪獸打倒。

要想在未來擁有立足之地，就要拚命地學習。要站在明年、後年，甚至更長時間的未來回望當下。

俗話說，技多不壓身。一個能在週期變化自由穿梭的人，要在趨勢中做事，要能體會潮流和潮流中每一個信號。你可以在某一個時刻「躺平」，但是不可能在所有時刻都「躺平」。在一個劇烈變化的時代，一個衣食無憂的精英也有可能一夜歸貧。這絕不是危言聳聽。

我們要居安思危，為未來的無數個週期變化提前行動：

①將更多時間分配在讀書上；

②將更多時間分配在與優秀的人促膝長談上；
③將更多時間分配在對跨界事物的研究上；
④將更多時間分配在研究趨勢上；
⑤將更多時間分配在更新自己的技能上；
⑥在更多人「躺平」的時候，你要拒絕隨波逐流。

註1：湖南省是清末中興名臣曾國藩的故鄉，他率領湘軍平定太平天國之亂。湖南電視由於太成功了，在中國享有「電視湘軍」的名聲。

註2：IP是Intellectual Property的縮寫，意思是知識產權，超級IP在中國指非常具有商業價值的跨媒介內容製作，例如將小說拍成電視劇等。

29／逆境是人生的試金石

命運不會因為你弱小就對你格外恩寵，當然，也不會因為你強大而退避三舍。

順風順水固然好，但大多數人的一生都是波瀾起伏的一生。命運不會因為你弱小就對你格外恩寵，當然，也不會因為你強大而退避三舍。如何看待逆境，如何從逆境中反彈，所謂的「逆商」，就至關重要。逆商有三個特點：

第一，永遠不高估困境，堅信一切都在可控範圍內；

第二，堅信任何情況下困境都不會持續無限長的時間；

第三，你要相信每個困境都有機會，都有方法，都有空窗期可以逃脫，你需要全力以赴地找到它們。

30／降外界龍 伏內心虎

沒有人不局限在一口井中，區別在於井口有多大。

人這一生，無非降龍伏虎，騰雲駕霧。

所謂降龍，就是「打怪獸」升級。

所謂伏虎，大概就是要和內心的弱點鬥爭。將一個或狂妄或自卑的自我，打造成一個自省、不斷學習和從創傷中恢復的自我。

人這一生，貧窮也好，富貴也好；健康也好，疾病也好；善也好，惡也好，常常與認知有關係。沒有人不局限在一口井中，區別在於井口有多大。

31／告訴自己再堅持1天

小的欲望，放縱即可獲得；中等欲望，靠克制才能得到；而高等的欲望，則需要一天天地煎熬。

身為一名創業者，我不但喜歡觀察那些成功的創業者，也喜歡觀察暫時受到重挫的創業者。

那些能絕地反攻的創業者，恰恰是在煎熬中鼓勵自己再撐一下，哪怕是一天的人。

這種體驗就像跑步。我每天堅持跑四〇分鐘，最後的一〇分鐘是最煎熬的，可以說每一分鐘都是筋疲力盡的。但喜悅來自最後的一分鐘，雖然汗流浹背、氣喘吁吁，但那不僅代表我完成了又一天的跑步目標，最重要的是，我接近了更健康的狀態。

小的欲望，放縱即可獲得；中等欲望，靠克制才能得到；而高等的欲望，則需要一天天地煎熬。

32／明天會更好是一種信念

明天會更好，不是安慰劑，是信念，是一刻也不應該忘記的信念。

不但要活下去，還要活得更好。

如果真的失敗了，就爬起來繼續幹。

明天會更好，不是安慰劑，是信念，是一刻也不應該忘記的信念。

狂風巨浪中，一定有倖存者。倖存者不但可以活下來，在經歷了痛苦的撕裂過程後，還會與過去的自己有顯著不同。

不要害怕恐懼和焦慮，因為恐懼和焦慮本來就是常態。要相信那些卓越的人一樣會經歷這些黑暗的時刻。學會享受這難得的旅程，因為並非每個人，都會有這樣高峰的體驗。

要日思夜想、拚盡全力地做一件事情。十八般武藝，全力以赴，相信感召的力量驚人，可以創造奇蹟。

33／永遠不要嘲笑他人的夢想

這個世界至少有兩個東西你不能嘲笑：一個是出身，一個是夢想。

夢想，是每個人都擁有的星辰大海。

這個世界至少有兩個東西你不能嘲笑：一個是出身，一個是夢想。

為什麼不能嘲笑出身？因為這是每個人與生俱來的、不可控制的部分，每個嘲笑別人出身的人都相當膚淺。

為什麼不能嘲笑夢想？**當一個人小心翼翼地和你分享他的夢想的時候，他實際上對你是完全沒有防備的，對你是充滿信任的。**

夢想無所謂大小、高貴或卑微。清代中國文學家袁枚寫道：

白日不到處，青春恰自來。
苔花如米小，也學牡丹開。

所有的夢想都像深夜中的星光，桃之夭夭，燦爛得不可一世。

34／三里之外有金山

如果你遇到一個障礙，只要你拚盡全力地尋找，一定能找到一個更好的解方。

我們有時在挖井挖到水的前夕放棄了挖掘，在離一座金山只有三里之遙的時候停止了探索。

我們經常為經驗和挫折所困，不認為每個鎖都有一把鑰匙，更不相信有的鎖可能有兩把鑰匙。

我有一個朋友，某天身上突然起了無名腫瘤，疼痛難忍。看完醫生，吃抗生素和塗藥，一週來毫無改善，疼痛甚至日益嚴重，以致夜不能寐。後來一個朋友建議他，可以嘗試服用中藥片仔癀、塗抹片仔癀軟膏。這位朋友將信將疑，但又別無他法，於是抱著試一試的心態塗抹了，結果奇蹟發生：當晚腫瘤處火燒火燎、奇癢無比，第二天起床後再看，膿包竟然消除大半。

疫情防控期間，因為戴口罩的緣故，我頻繁清嗓子，後來說話開始沙啞，幾次去醫院做了喉鏡後，醫生都說我聲帶上有一個小結節，需要手術。觀察期間，沙啞日劇，可謂苦不堪言。後來一個朋友給我推薦了一位老醫生，我半信半疑地跑到他那間看上去並不正規的診所。這位醫生的治療場所雖不令人信服，但他幾十年的臨床經驗還是讓我免了一場聲帶結節手術。在他的灌藥治療下，三個月後我便痊癒，沙啞沒有再復發過。

這些故事都讓我堅信，如果你遇到一個障礙，只要你拚盡全力地尋找，一定能找到一個更好的解方。在你一籌莫展的三里之外，解決方案也許正靜靜地躺著等待你發現。

Chapter 3

成事：高手的能量法則

我們都是寓言裡的盲人，是在一隻大象面前透過觸摸，為大象畫像的人。

01／致「聰明人」

「小聰明」看起來精明，實則愚蠢，勞心勞力，內耗太多，常導致「出師未捷身先死」。

①一個致力於讓別人離不開自己的人，比始終處心積慮於如何從別人撈取更多資源、為自己賺更多錢的人，最終能實現更大的財富收益。

②取悅一個人總是很容易，改變一個人的觀念卻很難。一些擁有無數追隨者的「網紅」，熱衷於用重複、絕對、無須努力便可輕鬆獲得的「秘笈」而瞬間讓你有滿足感，但事實上這種錯覺，並不能讓你有實質、突破固有認知的長進，也掩蓋不了你的一無所獲。要想真正成長，你必須付出實實在在的成本，付出超於常人十倍、百倍的努力。

③我見過最的好銷售服務，真誠、勤懇，能夠讓我感覺踏實、靠譜，讓我相信和他達成的交易物超所值，所以我心甘情願地付費下單。他們會清晰熟練地介紹待銷售的物品，但絕不會喋喋不休、恨不得讓我即刻下單。他們會誠心誠意地幫我分析利

弊，幫助我做出正確的決定。

一個靠譜的銷售人員首先是靠譜的人，他不會強迫別人買不需要的東西，他也不會不負責任地推銷沒有價值的產品。如果有人宣稱他可以輕鬆把別人不需要的東西賣出去，那他多半是個騙子，起碼也是個有唬弄本性的不靠譜的人。

④**不要在比你本事高的人面前要小聰明**。第一，對方閱人無數，身經百戰，絕非傻子。甚至不出幾分鐘，對方便能將你的伎倆看得清清楚楚，而你也就失去了一個可能提攜你的人，可謂得不償失。第二，「小聰明」看起來精明，實則愚蠢，勞心勞力，內耗太多，常導致「出師未捷身先死」。

⑤不同人對同一事件有不同的解讀，是再正常不過的了。觀點不同，不等於對方「又蠢又壞」。很多持有相反觀點的人，其實可能只是擁有的資訊不同，立場不同，個人的生活經驗不同。

⑥很多持有相反觀點的人，在觀點之外的現實生活中，反而會表現出樸素、慷慨、樂於助人的一面，我們要不斷嘗試把一個人說的話，和他本人進行必要的區分。不必匆忙地把這些不同，當作價值觀裡不可跨越的鴻溝。

⑦真正聰明的人面對持相反觀點的朋友，在發生意見衝突時，應從情緒回歸情

感，從假想回歸現實，從片面回歸整體，從攻擊回歸擁抱……**要愛具體的人，活生生的人，和你碰撞思想的人，而非那些巧言令色的人**。

⑧追求局部正確而非整體正確；追求局部利益而非整體利益；追求自身利益，但不損及別人利益；把風險轉嫁他人，容易落下個「聰明人」的名氣，但誰都知道，這樣的「聰明」，其實是最大的愚蠢。

⑨成功的人常常是很聰明的，但聰明的人不一定常常會成功。成功與選擇、注意力分配、才能和性格有很大的關係，聰明只是其中的一個要素。我見過非常多絕頂聰明的人，但其中的一些人，只需要短暫接觸，便可宣告終止交往。

⑩切忌自恃聰明。自恃聰明的人，喜歡將所有的成績歸因於自己，而將失敗歸咎於他人與外界。自恃聰明的人，覺得一切讚譽都理所當然，他常常無法理解被挑戰的緣由，無法消化委屈和不公。

我們應該知道，所有你遇到的，無論好或壞，都是人生的一部分，你必須接受和面對。自恃聰明的人，很難擁有這樣的經驗。

⑪真正聰明的人，也要建立同理心。聰明的人，常常太過輕易地獲得了過多的讚譽，而沒有考慮到，單槍匹馬其實很難在更廣闊的疆域裡馳騁。

真正聰明的人，會注重同理心的建立，也會注重對失敗、挫折的真實體會。**這一體驗，越早開始越好；早至少年時期，就應該體驗。**

⑫真正聰明的人，不僅會從經驗中獲得經驗，更會從教訓中獲得收穫。而很多自以為聰明的人，他們從經驗中獲得的經驗，要遠遠大於從教訓中獲得的教訓，他們似乎有著頑固的「經驗自負」。

02／屢敗屢戰、終身成長的曾國藩

正是思維方式的改變，讓曾國藩把一手「爛牌」打出了「絕世好牌」的效果。

曾國藩一生雖波瀾壯闊，但絕非一路坦途。

其資質平平，連考七次秀才才以倒數第二名僥倖考中，以至於他每年考秀才的時候，省城的人都圍觀嘲笑。苦練湘軍三年出關，卻在首戰大敗於太平天國，無顏見人，三度跳水自殺。

苦心經營數十載，與太平天國決戰在即，左宗棠、李鴻章等將領均戰勝勁敵，將最重要的一戰留給曾國藩，他卻苦攻不下，以至於朝廷懷疑他在給太平天國「放水」。剿滅太平天國後，曾國藩聲譽如日中天，被封為直隸總督，卻又遇到「天津教案」，雖自認為秉公處理，無奈舉世謗之，鬱鬱而終。

這哪裡是那個晚清四大名臣之首？哪裡是後人無不敬仰的曾文正公呢？

曾國藩的一生，不是一路順遂、順風順水的一生，而是不斷陷入絕境又咬緊牙關走出絕境的一生，是不斷自我成長的一生。他結硬寨，打呆仗，屢戰屢敗卻又屢敗屢戰，一次不行就兩次，兩次不行就三次，他用最笨的方法成就了後人心目中一等一的聖人。

我們用《心態致勝》裡的成長型思維來對比曾國藩的一生經歷，會發現，正是思維方式的改變，讓曾國藩把一手「爛牌」打出了「絕世好牌」的效果。

①能力到底是可以培養的，還是一成不變的？對曾國藩有所了解的人都知道，曾國藩出生於湖南省湘鄉縣（今湘鄉市）白楊坪，位處離縣城一百三十里的群山之中，那裡雖山清水秀，風景不惡，但交通不便，消息閉塞。在曾國藩的父親曾麟書之前，幾百年間，這裡連個秀才也沒出過。

曾國藩從小就資質平平，有一次他在家裡背書，家裡進了小偷，他卻渾然不知，而小偷就躲在屋梁上偷聽。不一會兒，小偷都會背了，曾國藩還沒背下來，結果小偷著急了，走到曾國藩面前流利地背了一遍，然後揚長而去了。

曾國藩受到小偷的羞辱，更加奮發，但勤能補拙未曾在年少的他身上奏效。連續考了六次秀才，都名落孫山。不僅如此，第六次落榜，曾國藩的考卷還被當成了「負面教材」。主考官說，此文是文理欠通的典型，文筆尚可，道理沒講通，大家要引以為鑒。

試問，如果我們是曾國藩，接連六次失敗，當眾被羞辱，我們還會再考第七次嗎？我相信大部分讀者的回答是否定的。到底是什麼力量支撐著曾國藩在連續挫敗下，繼續備考呢？

故事進行到這裡，讓我們引用《心態致勝》書本裡的一個問題：人類的能力到底是可以培養的，還是一成不變的？

答案是：可以培養的。

很多像曾國藩一樣資質平庸的人，一生也取得了成就。因為他們都有一個共通性：擁有成長型思維。**他們堅信，人的能力是可以靠後天培養的，他們用自己的一生證明了這句話。**

②**在成長型思維的世界裡不斷改變自己**。《心態致勝》提道：「進入一種思維模式，就如同進入一個新世界。在一個個人能力固定的世界裡，成功需要你證明自己的聰明和天賦，證明你自己的價值；而在另一個能力可以改變的世界裡，則需要你不斷提升自己，不斷去學習新知識，不斷發展自己的潛能。」

因為沒讀過什麼書，入京為官以前的曾國藩，從氣質到觀念都是非常庸俗的。出生在普通農家的他從小所聽聞的，不過是鼓吹改變命運、發家致富的地方戲；頭腦中所想的，不過是功名富貴。讀書是為了當官，在他頭腦中是天經地義的。進入翰林院後，曾國藩跟同行相比，才發現自己的學識之淺，自卑至極。

他認真研讀明代大儒王陽明的《傳習錄》。王陽明少年時曾問自己的私塾老師：「何為第一等事？」即什麼是天下最重要的事？塾師回答說：「唯讀書登第耳！」那當然是讀書做官。王陽明卻不以為然，回答說：「登第恐未為第一等事，或（也許是）讀書學聖賢耳！」

科場上的勝利不是最重要的事，人生最重要的事是做聖賢！

這句話讓曾國藩醍醐灌頂。從此，他一舉摒棄「升官發財、光宗耀祖」的傳統固定型思維，轉向了「學做聖人」的成長型思維。

從此，曾國藩就不再跟別人攀比，一生都在跟自己身上的弱點做鬥爭。

曾國藩在「窮山惡水」環境裡成長，也不免沾染上種種惡習：心性浮躁、坐不住、為人傲慢、修養不佳、脾氣火暴、言不由衷、虛偽等。針對「性情浮躁、坐不住」的缺點，他做了如下改變。

首先，就是要抓緊時間，不再「閒遊荒業、閒談荒功、溺情於弈」。他下決心縮小社交圈子，改變在朋友中的形象，以省下社交時間用在學習和自修。但因為以前交遊太廣，不可能一下子切斷許多社交關係，所以必須採取漸進方式：「凡往日遊戲隨和之處，不能遽立崖岸，惟當往還漸稀，相見必敬，漸改征逐之習。」

但是，一個人想一下子改變久已養成的生活習慣當然不是那麼容易的。曾國藩為人交遊廣闊，又十分享受社交生活，因此雖然立下志向，也難免有因為社交活動影響學習的事發生。

比如當年十月十七日，曾國藩早起讀完《易經》，出門拜客，又到杜蘭溪家參加了他兒子的婚禮。參加完婚禮後，下午本想回家用功，但想到今天是朋友何子敬的生日，於是又順便到何家慶生，飯後又在何子敬的熱情挽留下聽了昆曲，到了「初更時分」才拖著疲倦的身體回到家中。

當天晚上，他在日記中對自己下午沒能回家用功而是浪費了這麼多時間進行反省：何子敬的生日其實可以不去，但還是去了。這就說明自己立志不堅。「明知（何子敬生日）盡可不去，而心一散漫，便有世俗周旋的意思，又有姑且隨流的意思。總是立志不堅，不能斬斷葛根，截然由義，故一引便放逸了」，決心「戒之」。

及至十一月初九日，他上午到陳岱雲處給陳母拜壽。飯後他本打算回家學習，結果在朋友的勸說下一起到何子貞家去玩，在那裡和人下了一局圍棋，接著又旁觀了一局。在看別人下棋時，他內心進行著激烈的「天人交戰」。一方面是想放縱自己一次，痛痛快快玩一天算了；另一方面卻是不斷想起自己對自己許下的種種諾言。終於，一盤觀戰未了，他戰勝了自己，「急抽身回家，仍讀兌卦」。

其次，曾國藩給自己定下了基本學習日程：每日楷書寫日記，每日讀史十頁，每日記茶餘偶談一則。這是必須完成的課業下限，除此之外，他還每日讀《易經》，練習作文，整個學習的效率大為提高。

其次，控制情緒，知錯就改。「脾氣火暴」讓曾國藩在京初期惹了不少麻煩。因為一件小事，為官的同鄉鄭小珊對曾國藩口出放肆之言。曾國藩與這樣一個同鄉兼前輩口角起來，破口大罵，並且用語極髒，這無論如何都應有反省之處。

儒家說改過要勇，更要速。反省到了這一點，曾國藩馬上主動認錯。在給弟弟的信中他說：「餘自十月初一日起記日課，念念欲改過自新。思從前與小珊有隙，實是一朝之忿，不近人情，即欲登門謝罪。恰好初九日小珊來拜壽，是夜餘即至小珊家久談。十三日與岱雲合夥請小珊吃飯，從此歡笑如初，前隙盡釋矣！」

最後，對於自己最愛犯的「言不由衷、虛偽、浮誇」，他也是高度警惕，時時自我監督，一犯就自我痛責，絕不輕輕放過。

有一次他到陳岱雲處，「與之談詩，傾筐倒篋，言無不盡，至子初方歸」。當天晚上他這樣批評自己：「比時自謂與人甚忠，殊不知已認賊作子矣。日日耽著詩文，不從戒懼謹獨上切實用功，已自誤矣，更以之誤人乎？」

我們可以看到，擁有成長型思維的曾國藩，更關心能否持續提高自己。

③如何面對失敗？《心態致勝》中提道：「在固定型思維模式中，一個人被失敗擊垮可能會是永久性的創傷，不會從失敗中學習並糾正自己的失敗，相反，他們可能只是去嘗試著修復自尊。比如，他們會去找比自己還差的人或者責備他人、找藉口。即使對具有成長型思維模式的人來說，失敗也是一個痛苦的經歷，但它並不能對你下定義。它只是一個你需要面對和解決並能從中學習的問題。」

我們熟悉歷史的都知道，咸豐四年四月湘潭之戰中，湘軍水陸不足萬人，與三萬之眾的太平軍進行殊死戰，十戰十捷，以少勝多，殲滅太平軍萬餘人。這是太平軍興起以來清軍取得的唯一一次重大勝利，也是太平天國與清朝命運逆轉的重要一戰。

但這次勝利背後，是曾國藩一生中最重要的幾次挫敗的開始。湘潭大捷其實是湘軍兩路部隊之一，是由曾國藩部下領導。曾國藩領導的主力部隊與太平天國首戰即告慘敗：湘軍戰艦損失三分之一，炮械損失四分之一。

對此，他既羞憤，又沮喪，水師船隻經過銅官渡時，他一步跨出船艙，撲通跳進水中。不成功，便成仁，這是他早就做好的打算，幸好被多次救起。回到長沙，他給皇帝寫遺書，準備二次尋死時，湘潭捷報才傳來。

再往前看，曾國藩籌備湘軍也是一路遇挫。

事情起因於咸豐二年臘月，曾國藩入省承擔公事。咸豐二年底，咸豐皇帝的一道緊急命令傳到了荷葉。原來不久前太平軍揮師北上，湖南各地，紛紛糜爛。咸豐皇帝情急之下，詔命在鄉下老家為母親守孝的曾國藩幫助地方官員興辦「團練」，也就是「民兵」，以保衛鄉里。

曾國藩一到長沙，就展現出雷厲風行的辦事風格。曾國藩在自己的公館裡開設了一個「審案局」，專門審理社會治安案件。處理方法只有三種：一是立刻砍頭；二是活活打死在棍下；三是施以殘酷的鞭刑。

恐怖政策確實收到了一時之效，各地土匪不再敢輕舉妄動，社會秩序迅速安定下來。奇怪的是，曾國藩勇於任事，沒有贏得湖南政界的感激，相反卻招致了重重怨懟。成為眾矢之的的原因，是曾國藩動了別人的「乳酪」。

權力是官員們的眼珠，是官員們的生命，是官員們的精神支柱，也是官員們灰色收入的主要來源，以及收割他人尊敬、巴結、攀附的唯一資本。

風波的觸發點是練兵。曾國藩不是軍人，也從來沒有摸過武器。但在接奉聖旨後的第十天，曾國藩就覆奏，要在長沙創建一支新的軍隊。但這一利國利軍之舉，卻差點讓曾國藩送了命。

長沙副將清德在太平軍進攻湖南時曾臨陣脫逃，此時面對曾國藩卻很勇敢。他不僅帶頭抵制會操，而且搖唇鼓舌，四處鼓動各軍不要受曾國藩的擺弄。行事至剛的曾國藩立刻給皇帝上了個摺子，彈劾了清德。這是曾國藩出山之後，與湖南官場發生的第一次正式衝突。

地方官鮑起豹決意要借這個機會好好教訓教訓曾國藩。他故意將幾名肇事士兵五花大綁捆起來，大張旗鼓地押送到曾國藩的公館，同時派人散布曾國藩要嚴懲這幾個綠營兵的消息，鼓動軍人鬧事。綠營中一傳二、二傳三，士兵越聚越多，群情激憤，紛紛上街，遊行示威，要求曾國藩釋放綠營兵。

綠營兵見狀，居然開始公然圍攻曾國藩的公館。不僅傷了幾個隨從，曾國藩本人也差點丟了性命。這是曾國藩出生以來，第一次遭遇真正的挫敗。考秀才的艱難、畫稿遭人嘲笑的尷尬，比起這次挫辱來都不算什麼。

經過幾夜不眠的反思，曾國藩做出了一個出乎意料的決定：「好漢打脫牙和血吞。」他決定不再和長沙官場糾纏爭辯，而是捲起鋪蓋，帶著自己募來的湘軍，前往僻靜的衡陽。咸豐三年八月，曾國藩帶著受傷的自尊心到達衡陽，開始赤手空拳創立湘軍。

這次，面對比長沙更艱難的處境：一是無辦公場所；二是沒有名正言順的職權；三是沒有經驗；四是沒有朋友幫助；五是沒有制度支持；六是沒有錢。但經歷過長沙挫敗的教訓，他學會了變通。

沒有辦公場所，他就借住在一戶祠堂裡。

沒有名位，他用長沙時用過的「湖南審案局」五個字，來接送公文。

沒有經驗，曾國藩就自己在黑暗中摸索。他不遺餘力，認真思考綠營兵種種弊端的原因，創造了許多嶄新的軍事原則，比如招兵不用城市輕佻之人，只選樸實山農；比如「將必親選，兵必自募」；比如實行厚餉和長夫制度。這些創新，都是軍事門外漢曾國藩殫精竭慮、集思廣益的結果。事實證明，曾國藩的思路是非常高明的，湘軍日後的成功正是基於這些制度。

制定軍事原則難，具體的籌備工作更難，曾國藩步步都需要摸索，不斷失敗，不斷犯錯。我們不談陸軍，先來看看曾國藩是如何創建水師的。沒有錢，他想出了一個辦法：募捐。也就是說，勸那些大戶捐款，回報是由國家授予他們一些榮譽性的虛職。他在衡陽設立勸捐總局，派人四處勸捐籌餉。

可以說，如果不是因為善於從失敗中吸取教訓，不斷成長，曾國藩不可能在此後九江大敗、被皇帝拿掉兵權後的一次次低谷中東山再起，更不可能總結出結硬寨、打呆仗的戰爭經驗。

正是這種終身成長型思維強化了他越挫越勇、不斷解決問題的性格特點。從這些失敗中，曾國藩領悟到，**對於有志者來說，挫辱是最大的動力，打擊是最好的幫助**。咬緊牙關，把挫辱活生生吞下，就成了滋養自己意志和決心的營養，這構成了曾國藩生命經驗中最核心的部分。

④**領導力與思維模式**。《心態致勝》中提道：「在具有固定型思維模式的CEO個人傳記中，我幾乎沒有讀到過關於職業輔導或者員工發展專案的相關內容。然而在具有成長型思維模式的領導者傳記中，都有深刻關注員工個人發展的內容，並會對此展開廣泛討論。」

人們提起曾國藩，一般認為他一生做了兩件大事：平定太平天國和興起洋務運動。其實除此之外，曾國藩一生致力的還有一件大事，那就是培養人才。我們可以從培養人才的角度，來看曾國藩的領導力。

在平定太平天國期間，他培養了大批人才，李鴻章就是典型代表。他的教育方式，一是進行定期考試，以批答的方式來提高學生的文字水準和對事物的分析判斷能力；二是透過談話，也就是今日所謂面談。

曾國藩每天黎明，都要和幕僚一起吃飯。李鴻章落拓不羈，有睡懶覺的習慣，對曾國藩大營中的這個習慣很不適應，深以為苦。一天他謊稱頭疼，臥床不起。曾國藩知道他是裝病，大動肝火，接二連三地派人催他起床吃飯，李鴻章到來之後，曾國藩整個早飯期間一言不發，直到吃完了，才說了一句話，說我大營所尚，只有一個「誠」字，意思是批評李鴻章「不誠」。李鴻章從此日日早起。

曾國藩曾說：「做將帥的，一定要幫助下屬立業成才。對待下屬，就如同對待自己的孩子一樣，從內心裡希望他們發展得好，這樣，他們才從內心感激你的恩德。」

在他的日記中，我們也經常看到他教育學生、下屬的內容。曾國藩在保舉下屬方面非常盡力。他的幕僚大部分都在幕府成才，然後成就自己的事業。

曾國藩的幕僚出幕後官至出使大臣五人，軍機大臣兩人，尚書兩人，大學士兩人，侍郎三人，北洋大臣一人，總理衙門大臣一人，總督十六人，出任總督三〇次，巡撫二十八人，出任巡撫五〇人次。此外，還有布政使、按察使、提督、副將、道員、知府、知縣，最不濟也有候補、候選、記名之類。林林總總，不勝枚舉。天京克復前後，湘系「文武錯落半天下」。

在生命盡頭，他用盡全力，又在洋務上做了一件大事，那就是奏請派出第一批官費留美學生，推動多災多難的國家向前走了一步。

英國歷史學家包爾格曾經說：「曾國藩是中國最有勢力的人，當他死去的時候，所有的總督都曾經做過他的部下，並且是由他提名的。如果他曾經希冀的話，他可能已經成為皇帝。」話雖誇張，但從側面反映了曾國藩的影響之大。

但並不是所有人都是這樣的。比如左宗棠用人，喜歡使之盤旋在自己腳下終生不得離去，所以往往並不出死力為部下保舉。終其一生，左宗棠提攜起來的人很少。他的部下中，沒有一人後來擔任朝中一、二品的文官，在地方出任督、撫的也很少。

⑤**思維模式是一種信念**。《心態致勝》中說：「思維模式其實就是一種信念。它們是堅韌的意志，強有力的信念，但它們只是你意志的一部分，而你是可以改變自己

的意志的。這就是成長型思維的重要理念。」

讀曾國藩修身自省的日記，想必讀者都會覺得過於苛刻、瑣碎、拘泥。一天二十四小時中每分每秒都是戰戰兢兢、提心吊膽，處於戰鬥狀態，未免活得太麻煩了、太刻板了、太累了吧！這種自我完善之法，長期自律的韌性，確實有點可怕。

然而，除掉那些過猶不及的部分，這種修身方式，也自有其合理之處。康熙皇帝說：「學貴初有決定不移之志，中有勇猛精進之心，末有堅貞永固之力。」朱熹也說：「為學譬如熬肉，先須用猛火煮，然後用慢火溫。」

做事也是這樣。**做至大至艱之事，只有極度渴望成功，願付非凡努力，否則絕難成功**。

而曾國藩正是透過這種終身成長的自修方式，逐一挑出自己身上近乎所有的缺點毛病，在幾乎所有細節中貫徹了對自己的嚴格要求。因此他的進德修業，才迅速而有力。

漫長一生裡，寫日記並公之於親人朋友，一直是曾國藩最重要的自修方式。即使戎馬倥傯中，他仍日記不輟，並且抄成副本，定期寄回家中，讓自己的兄弟、兒子們閱讀。

直到逝世前四天的同治十一年二月初一日，他的日記中還有這樣的話：余精神散漫已久，凡應了結之件，久不能完；應收拾之件，久不能檢，如敗葉滿山，全無歸宿，通籍三十餘年，官至極品，而學業一無所成，德行一無可許，老大徒傷，不勝惶悚慚赧！

這種有恆的自律，就叫作「幾十年如一日」，也正是堅韌的意志、強有力的信念，造就了曾國藩終身成長的開放型思維，正是這種開放型思維使他屢敗屢戰，終成中國著名的一個軍事家。

成長型思維和固定型思維的人涇渭分明。但即使是曾國藩，也並非在任何時刻都是成長型思維。平庸的人，拒絕挑戰、拒絕改變、拒絕批評、拒絕學習、拒絕反省。而「曾國藩們」不設限、不固化、關注批評的合理性，善於反求諸己，達到了作為一個人可以達到的最高度。

曾國藩及其真正的追隨者嘴裡沒有「不可能」、「我們過去就這樣做的」、「可遇而不可求」、「你又欺負我」、「都怪市場」、「差不多就行了」，**他們堅信今天付出的，今天不一定會回來，但有一天一定會回來**。

人類群星閃耀，蔚為大觀。如果不能選擇成為群星，至少仰視那些光。光照過的地方，萬物生長。

（本文部分案例摘錄自張宏傑《曾國藩傳》、卡蘿・杜維克《心態致勝》）

03／成長路上只有無盡的孤獨

當你成功，會有無數人給你喝彩，而成長沒有觀眾，一生都不會有觀眾。

成長的路上，沒有夥伴，沒有觀眾，只有無盡的孤獨。

①成功容易、成長難。

②成功是一城一池的得失，成長是終身的事情。

③成功可以得而復失，成長斷無可能從上再到下。

④成功與經驗累積、機會、成長息息相關，而成長只能靠自己。

⑤成長的路上，沒有夥伴，只有自己。唯一能與你同行的，是你自己的無助、孤獨和恐懼。當然也有喜悅。

⑥當你成功，會有無數人給你喝彩，而成長沒有觀眾，一生都不會有觀眾。你只能自己體會此中的酸甜苦辣。

⑦成功是降龍，一路PK怪獸升級，需要扛過八十一難。成長是伏虎，一生的敵

人都是被囚禁的自己，只有學會七十二變，騰雲駕霧，才能到達一個個目的地。

⑧那些成長路上的倖存者，他讀過的書、遇到的老師、經歷過的事情，都會成為他的資源，他偉大的老師。一個凝神靜氣的人，在白天看到光亮，在雜訊中聽到指示，在充滿恐懼的時候上路，在失敗、挫折和重壓下始終擁有信念。

⑨願意成長的人，一生都是騎士。他決定上路，就始終在路上。他在邁向成為更好的自我的路上。我們一生也都應該這樣。

04／做高價值區的事是成功關鍵

高價值區的事情無法完全清晰地描述，但依然有一些規律可言。

一定要做高價值區的事情。同樣的時間花在不同事情上產生的價值不同，必須找到能夠創造更高價值的事情。

高價值區的事情無法完全清晰地描述，但依然有一些規律可言。

①有共識的事情常常是高價值區的事情，比如，碳中和、元宇宙，這是在全世界形成共識的事情。

②沒有形成共識，但是某些資深人士堅持認定的。十年前一個技術權威堅定地幫我灌輸區塊鏈和比特幣，我卻不以為然，甚至覺得荒謬。十年前他堅信的事情，如今已經成為很多人的共識。

③成為一個超級平台崛起時的早期用戶，如淘寶直播開始時進場的某位達人。別人還不知道何謂直播的時候，他已經進場，占盡紅利。

④比較難的事情。比如晶片，一旦擁有了自主產權的晶片，其價值將不言而喻。

⑤特別有辨識度，容易形成自己的IP（智慧財產權）。那些憑藉自己獨特的嗓音、別人無法媲美的顏值或者與眾不同的人設，常常會創造巨大的價值。

⑥根據常識即可確定性價比高的事物。

⑦處於領先地位的事物常常能帶來高價值。幫久負盛名的閱文集團創造最大回報的，正是大家耳熟能詳的《盜墓筆記》、《鬼吹燈》、《鬥破蒼穹》、《斗羅大陸》、《陳情令》。這些在還是文學作品的時候就已經吸引了眾多的粉絲，在變成動畫和電視劇後影響一直延續到現在。

⑧你有能力做到極致的事物。

⑨**天上掉餡餅的事情常常不是高價值區的事情，反而可能是陷阱**。我身邊有太多人堅信P2P借貸的高額回報，以至於給自己和家庭帶來永遠無法修復的傷害。多年前，我有一個做P2P的好友，許諾我只要在他的平台上存款，即可獲得二十五％的回報，遠超過一般理財。慶幸的是，即使身邊有人確實獲得了高額回報，我也從未動心過，後來在他平台上理財的人幾乎都傾家蕩產。

⑩充滿陷阱的地方和需要翻很多座山才能到達的地方，不是同一個地方。

05／你若勤勉 必將站在君王面前

絕大多數人依然過著平庸的一生，而不願意付出格外的努力。

最終站在領獎台上的人，是付出非凡努力的人。

我所認知的那些最優秀、最成功的人，沒有一個抱怨命運不公，沒有一個不拚盡全力。

命運的詭異之處就在於，你只要稍微努力一下，你就可以跑贏絕大多數人。但絕大多數人依然過著平庸的一生，而不願意付出格外的努力。如果一個人努力一下不能馬上獲得回報，他就一定會懷疑勤勉的意義。他不知道質變的人生需要量變的累積，他也不知道，有一些回報，需要拉長時間去看待。

06／資訊處理的8條原則

大部分人觀念先行，喜歡接受自己聽得懂、看得到、很喜歡的資訊，容易形成資訊牢籠。

成功的人善於決策。善於決策的人有著異乎尋常的資訊處理能力。我認為，人對資訊的處理要遵循八條原則：

第一，**應該盡可能拓展資訊來源，尤其是權威資訊來源**。比如，醫生就應該更關注《刺胳針》（The Lancet）、《新英格蘭醫學雜誌》、《科學》刊登的最新研究，而非某個來路不明的手抄本上的論斷。不但要掌握中文的資訊來源，還要主動去尋找更多語言的資訊來源。如果你想認定某個事實，則需要至少兩個獨立資訊來源，甚至兩個權威資訊來源互相驗證。

第二，**在可知而非已知的資訊流中活動**。大部分人從未踏出過既有認知的河。實際上有效的資訊常常是在未知而可知的地方。尤其當你要做出決策的時候，你掌握的資訊常常是冰山一角，水面之下才是令人觸目驚心，從根本上影響和塑造你命運的部分。一定要拚盡全力獲取你可以獲取到的資訊。

第三，資訊的密度也至關重要。一個善於處理資訊的人，對資訊有大量的需求。一個一年讀五十本書的人和一個一年只讀三、四本書的人，獲取的資訊不一樣，處理能力自然也不一樣。我們的ＩＰ策劃小組每年的閱讀量超過一億字，其中最優秀的那些企劃一年的閱讀量幾乎可以達到一．五億字。他們的審美，他們的經驗，他們對於趨勢的判斷，顯然和低於平均值的大部分公司的企劃完全不同。

第四，一個人對某一個問題思考的頻率和強度越強，他找到有效資訊的能力就越強。我們正身處龐雜、無效和淺薄的資訊年代，絕大部分你獲取的資訊都毫無意義，它們無法解決問題，無法對你的決策產生效用。它們唯一能滿足的就是你即時的娛樂，讓你消磨時間。一個人唯有帶著使命上路，唯有帶著難題去尋找資訊，資訊才能真正創造價值。

第五，要善於看排行榜。無論你處在哪個行業，很重要的一個學習方法就是去你所在行業的各種權威排行榜單中去尋找有效資訊。一個善於處理資訊的人，從排行榜上學到的，可能與從真正專家那裡獲得的有價值資訊一樣多。

第六，一個人的資訊處理能力是他認知框架造就的。一個認知高的人，善於包容相反的資訊，從中判斷真偽。對於那些詭異、違背常識和理性的資訊，能夠大膽懷疑，小心求證。但大部分人則觀念先行，喜歡接受自己聽得懂、看得到、很喜歡的資訊，容易形成資訊牢籠。在特定的網路空間、相對封閉的環境中，這些同樣的聲音不斷重複，處於封閉環境中的大多數人認為這些扭曲的故事就是真相的全部，資訊或想法在一個封閉的小圈子裡不斷得到強化。與這個網路格格不入的資訊，都被本能地排斥為虛假資訊。

第七，人對資訊的辨別能力非常重要。辨別有用或無用，辨別真偽，辨別重要或次要、有效或無效，甚至還需要辨別資訊背後的動機，不同動機會導致呈現不同的資訊，造成資訊的不對稱。賣方常常掩蓋負面資訊，促成成交，一個企業中的局部單位為逃避責任，交付上級的常常也是不完整的資訊。再如資訊傳播學中的初始效應（第一印象）、近因效應，無不對人攝取資訊產生微妙的影響。寓言中朝三暮四和朝四暮三，對一隻猴子做出決策就會產生不同的作用。

你在銷售一個理財產品時到底是說這款產品收益很大，但有風險，還是說，這款產品有風險，但收益很大，顯然會讓顧客做出不同的選擇。判斷一個資訊是否有效，不僅考慮資訊本身，還需要放在資訊和接受者的框架裡去考量。人們接受能力不同，會造成同樣資訊作用的增強或衰減。

有的人憑藉一堆廢話中的某一句話，可以準確判斷合作者的意圖；而有的人，即使面前呈現資訊的全貌，也無法對他的決策產生作用。一個擁有資訊辨別能力的人，要有很高的認知度，要掌握基本的邏輯、常識、理性；要習慣性地將自己和他人的經驗、教訓，納入自己的認知中；既要理解人性，還要善於與自利性偏差、動機性推理、情緒做鬥爭。

第八，當資訊不具有公開性時，集體決策最優。每個人獲取的資訊都僅僅是事實的一部分，我們必須拼湊所有有效的資訊，才能摸清楚事實和真相的大概面貌。在資訊完全不透明的情況下，要想辦法解決最關鍵的問題；要優先解決最緊急的問題，至少可以將緊急事件變成非緊急事件，然後再做進一步處理；要關注最有可能發生的問題。

由於資訊不透明，造成決策可利用的資源匱乏，不必驚慌失措，從第一個決策開始不斷校正，最終會做出高水準的決策，而資訊也一定會水落石出。在某種意義上，你看不到的資訊，你最終會摸到，而這可能是資訊的全部面貌。

07／決策高手做容易的決策

善做決策者，總是做容易的決策，不善於做決策的，總是輕易地做出決策。

小到日常生活，大到就讀哪所學校，選擇什麼愛人、朋友、職業，以及涉及個人或企業生死存亡的事項，我們無時無刻不在做選擇。選擇本質上是機會和成本的加減、是收益和風險的加減。決策本質上在選擇機率，但又不止於此，還有運氣成分。

一個好的決策順應天時地利，能夠造就人和，甚至有扭轉現實的能力。善做決策者，總在做輕鬆的抉擇，不善於做決策的人，一生都活在雲霄飛車一般的人生中。他無法發展出自己的決策能力，無法站在大勢、核心優勢上看待決策，也不承認決策需要理性、需要反省，他輕而易舉地做出後悔莫及的決策，**一個不善於做決策的人的悲劇在於，他一生可能都在重要的路口做出錯誤的選擇。**

第一，**決策力也是一種資源**。要減少在非關鍵事務上對決策資源的消耗，比如每天吃什麼、穿什麼，看什麼電視節目，在這些小事上決策的浪費，大幅地消耗了我們在關鍵事務上的決策能力。同時，要避免不必要的決策。早在幾千年前，醫生就遵循一條原則，如果病症不至於惡化、不危及生命，就不要採取其他措施。擁有決策能力的人，不是頻繁出手爭取小機會，而是在等待著重大機會。

第二，一定要做決策偏好者。決策頻率可以發展出決策能力，一個人越頻繁地做決策，越善於做決策。查理．蒙格說，好企業和壞企業之間的區別在於，好企業會一次次地做出輕易的決定，而壞企業會一次次地做出痛苦的決定。

第三，要確保決策小組真正參與到決策中。決策小組的人不必太多，但必須真正地參與決策，這有兩層含義：第一，是獨立的，不受任何影響地發表意見，不能因人廢言，也不能為了回避衝突附和他人言論；第二，不能為了個人、局部利益置公司利益而不顧。主管在做決策的時候，也要善於分辨部屬的建議是不是「被污染」過的意見，在最終進行決策的時候，也要避免折中決策。

第四，一個發展出決策能力的人，對決策和最終結果的關係有清楚認知。正確的決策不一定會得到最好的結果，很多人會歸咎於執行力，但本質上還是決策的問題，決策與執行力不可分割。奇異公司（GE）傳奇CEO傑克．威爾許在併購的時候就讓職業經理人全程參與到決策過程中，便於執行，進而獲得巨大的成功。一個好的決策者，要讓執行者不僅知其然，還要知其所以然。**一個目標和動機都能統一的團隊，執行力不會有根本的問題。**

第五，發展出決策能力的人，絕對不是「事後諸葛亮」。一個人在付出了巨大成本後做出一個決策，如果最終不如所願，他會不甘心承認自己的決策錯誤，會不斷加碼，極限施壓，來證明自己是對的。在塔雷伯的《黑天鵝效應》中，有一個詞語叫「敘事謬誤」，即我們會不斷根據事情發生後能自圓其說的邏輯，來敘述整個事件，並根據敘事的合理性對自己的記憶進行修正。

真正的決策高手，不會在錯誤的決策後證明自己，並想方設法挽回損失，而是會果斷轉身，及時停損。決策高手不是總是在做對的決策。他反而會不斷認知到他總是可能在決策上犯錯。但決策能力的提升，很多時候是在對局之後的復盤。透過反省，可以很好地回顧自己的判斷和選擇，檢驗決策品質。反覆反省，可以打破先入為主的偏見，提高決策水準。

第六，決策能力強的人不但善於決策，更重視堅持的力量。笛卡兒在《談談方法》中說：「在行動中盡可能堅定果斷，一旦選定某種看法，哪怕它十分可疑，也毫不動搖地堅決遵循，就像它十分靠譜一樣。這就是著名的『迷林理論』，意即在迷失的森林裡，無論你朝哪個方向走，你都最終會走出迷林。」

第七，決策能力強的人在不帶有情緒的狀態下做出決策。無關緊要的決策憑直覺可以做出，重要的決策必須整合所有的資訊、認知、資源和注意力、理性去完成。一旦受到情緒的干擾，常常就會做出錯誤的、不可收拾的結論。

決策能力強的人偏好風險，但又對風險管理遊刃有餘，就像手機備份，以防止重要的資訊意外丟失。決策能力強的人常常朝最好的方向努力，但始終著眼於為最壞的可能做準備，即永遠有Plan B（B方案）。在經濟學上，這叫冗餘，即當系統發生故障時，冗餘配置的零件介入並承擔故障零件的工作。

但需要強調的是，一個真正的決策高手，絕對不會做失敗了無法挽回的決策，哪怕他可能因此獲得巨大的回報。決策高手不會將雞蛋放在一個籃子裡，不會孤注一擲，也不會在決策錯誤後再後悔莫及。一個真正的決策高手不會習慣性用後悔這些情緒來消耗自己的決策力。

第八，每個善於決策的人都有自己的決策框架。本質上都大同小異，職業撲克牌賽冠軍、認知心理學博士、暢銷書作家安妮・杜克在對賭中提出了科學決策的「六步決策法」，可以推薦給大家。

①根據目標和價值取向，評估各種可能性。

②透過比對每個結果帶來的回報決定偏好——從價值取向來看，你有多喜歡或者多不喜歡每個結果？

③評估每個結果發生的機率。

④評估候選決策將產生你喜歡或者不喜歡的結果的相對可能性。

⑤考慮其他候選決策，重複步驟二到四。

⑥比較這些決策選項。

第九，一個真正的決策高手不相信有完美的決策。他會將決策當作一個系統性的工作去完成：蒐集什麼情報，如何避免個人偏好，邀請什麼人來參與決策；在無法做出決策的時候是等一等，還是向比自己優秀的人求助；如何保證原汁原味地執行，都在決策的框架中。決策和認知一樣，是理性和行動合一的結果。就像一個流行歌手，觀眾聽到的不僅僅是他本身的歌聲，更重要的是他的歌聲和麥克風在一個舞台上最終呈現的效果。

第十，善做決策者，總是做容易的決策，不善於做決策的，總是輕易地做出決策。

08／要快速決策

機會大於風險，就透過快速決策把握機會；風險大於機會，就透過快速決策將注意力集中在下一個機會上。

我曾經掌管過一家一千人的公司，大部分管理都授權給各單位的負責人，我曾因此飽受非議。

但是迄今為止，我依然堅信，要讓聽得見炮聲的人去做決策。只有常常決策的人才善於做決策，才能做出正確的決策。

我創業後的八年間，每週一都會風雨無阻的開例會。我們的例會只有兩個任務，第一解決問題，第二是做決策。我會盡可能地讓更多部門的負責人以及關鍵人物參與會議，以便讓每個人都能參與到公司的決策過程中。

對於每個項目，我的要求是決策週期不得超過一週，決策本身不應該花費太多時間。如果機會大於風險，那就透過快速決策把握機會；如果風險大於機會，那就透過快速決策將注意力集中在下一個機會上。

對於有相似業務的大公司而言，他們的決策過程顯然更長。一個項目從提報到公司負責人最終審核，少則一個月、多則一個季度，**而我們耗費的時間短，這就是我們永遠能拿到最好的作品的原因。**

09／要去現場決策

一旦出現有成交意向的客戶，銷售團隊就必須當面溝通，以確保最終促成合作。

當面溝通，不僅是觀點與市場的溝通，也是經驗與情感的交流。學會判斷合作者的意圖非常重要。

我的合作者海岩曾說過一句話，不買你東西的人才會誇獎你的東西。**一旦一個人開始挑毛病，那就意味著他有了興趣，也意味著可能合作的開始**。

現在各種即時通訊工具如此發達，讓不少人有了一種錯誤的認知，認為很多工作都是透過即時通訊工具就可以完成的。建立客戶清單、給客戶介紹產品、完成交易、簽署合約，似乎都可以在完全沒見過客戶的情況下就完成合作。

但是，網路即時通訊工具絕非萬能。我們曾用即時通訊工具出色地完成過很多工作，卻也因為過度依賴即時通訊工具，而失去了很多機會。比如，隔著螢幕無法感知客戶的真實意圖，有一些合作曠日持久、最後無疾而終，其實早有跡象，但透過網路線上溝通就很難發現。有一些合作純屬價格上暫未達成一致，雙方只要各自稍微讓步，便可成交，但就是因為不見面，導致無法展開一次真正的談判，結果雙方都錯誤地做出了預判，最終未能促成合作。

後來，基於這些教訓，我們修正了做法，要求一旦出現有成交意向的客戶，那麼銷售團隊就必須當面溝通，以確保最終促成合作。

一個成熟的銷售人員在管理客戶時，實際上管理的是活生生的人。如果不親臨現場，就無法說你是在真正管理客戶。

10／正確選擇的對立面 往往是容易

真正正確的東西，往往都具有一定的難度。

正確道路的對立面，不是錯誤的道路，而是容易的道路。

正午陽光是中國頂尖的戲劇公司，他們出品的戲劇以高口碑和高熱度著稱。在正午陽光做的戲劇裡，有兩部讓我留下了深刻的印象。

一部古裝劇是《清平樂》，根據作家米蘭Lady的《孤城閉》改編，講述的是一個太監和公主的愛情故事。這個故事改編成戲劇的難度相當大，在我們購買了米蘭Lady的版權後，我試探性地找到了侯鴻亮——正午陽光的掌舵者，一週後收到了他的回覆，他的團隊願意嘗試。

一部現代劇是《開端》，作者是祈禱君，晉江文學城一位非常優秀的小眾作者。我一直對她的作品寄予厚望，我們也購買了她的一部分作品，一直在合作的過程中。在我們團隊討論是否購買《開端》的時候，這部作品的內容受到了絕大多數企劃和故事獵手（開發好作品的人）的喜歡，但由於是無限流小說[註]，大家都顧慮重重，在整個策劃團隊中，除了極少數的人，其他人都認為該作品無法改編。也因此，我們最終沒有購買這部版權。然而三個月後，它被正午陽光看中；一年半後作品上市，成了爆紅劇作。

正是在這些經驗教訓中，我意識到真正正確的東西，往往都具有一定的難度。

註：無限流是一類特定網路小說的統稱，這類小說的情節通常是描述主角被召喚、穿梭在擁有超自然力量的虛幻空間，不斷接受任務且自身獲得成長的故事。這類小說的開山之作是中國的《無限恐怖》，故得名「無限流」。

11／高手的3種思維

構成風險的火苗常常會演變成一場火災，必須在機會消失、風險蔓延前果斷入場或離場。

第一，**正向思維**。即使發生了很糟糕的事情，也要考慮其正向的一面。一個在細節上始終悲觀的人，在遇到絕境的時候要大幅減少精神內耗，凝神靜氣，思考悲劇中哪怕一個微小的正向因素。善於從一個悲劇、災難和挫折中迅速抽離，是優秀的人在做的事情。

第二，**開放思維**。不要自以為是，不要固執己見，要開放心胸，參與到更多比你優秀的人創造和參與的資訊交流、資源分享中，讓別的人、別的能量為你所用。向上學習，向下分享，完善你的價值觀和方法論。

第三，**快速思維**。構成機會的條件變化多端，觀察期非常短暫，而構成風險的火苗常常會演變成一場火災。必須在機會消失、風險蔓延前果斷入場或離場。

12／和流行事物保持高度連結

一代人有一代人的審美，唐詩、宋詞、元曲、明小說，都是如此，人不要站在前浪上藐視後浪。

擁抱流行，就有機會成為流行。

有些人恥於談論最流行的事物，尤其是那些自命清高的人。但最流行的事物所能呈現的局部、細節和訊號，正是未來需要的。

我們在尋找優質ＩＰ的過程中，一直有一句話引導著團隊的每一名成員：我們是在為「〇五後」（二〇〇五年後出生的年輕世代）尋找內容。

一代人有一代人的審美，唐詩、宋詞、元曲、明小說，都是如此，人不要站在前浪上藐視後浪。

即使在網路文學的分類裡，男性受眾內容的更新和女性受眾內容的更新同樣非常快。四十年前忍辱負重的劉慧芳，在今天的女性受眾看來簡直不可思議。

即使對於我們閱讀量超級大的獵手團隊而言，有很多特別流行的事物也超越了他們的審美體驗，甚至被他們蔑視。在我們每週的ＩＰ評估中，有一部小說《難哄》進入我們的評估範圍，這部小說是晉江文學城最熱門的言情小說，積分有兩百億之多，做成圖書出版，幾乎每週都能榮登暢銷書排行榜；做成廣播劇，也賺得盆滿缽滿。但恰恰是這部小說，遭遇了我們幾乎所有企劃的一致否決。

我幾次讓獵手在會議上提報，都被大家眾口一詞地打回。我們購買ＩＰ的原則是，全數通過，或者大多數人通過，且給予超高評分。我們的規則裡沒有全票否定情況下的綠燈，但此後，我格外關注這部小說的走向。幾個月後，我們看到了這部小說影視版權銷售出去，看到社群媒體上屢上熱搜，很多平台負責人都來找我打聽該小說的去向。應該說，這是我們獵手團隊最失敗的一個案例。失敗不在於我們錯過了一條線索，而在於我們屢戰屢勝的企劃團隊可能有嚴重的認知盲點。

我對此憂心忡忡。

擁有對流行事物的成見，是審美的第一重障礙。

即使沒有成見、完全放開心胸，若不理解流行事物的內涵，也會成為第二重障礙。

無論如何，都請想方設法地關注流行事物，細心觀察和思考流行事物掀起風浪的原因，並努力和它們建立深度連結。

13／審美是天賦 更是訓練的結果

有包容性的審美，如同網路加了寬頻，視野瞬間寬廣遼闊，上通下達，美不勝收。

審美是一切素質的綜合。

我不認為審美是天賦，從影視圈這個角度來說，審美必須建立在大量閱讀、大量看片的基礎上。

閱讀要建立自己的閱讀方式，要有一些基本的工具來幫助自己理解文字。**閱讀的時候可以沒有見解，但不能有成見**。人一有成見，見解也就沒有什麼意義了，不要帶著鄙視的眼光去審美。

審美一定要尊重自己的感受，可以先不去考慮是否有意義、觀念如何，但必須誠實地感覺和表達自己的感受。不要隨大眾下評論，有時候，即使那些自認高明的審美者聚在一起，也成了烏合之眾。

審美的水準提高了，以後很難再掉下來。

審美要有包容性，要在上一代、同一代、下一代的流行審美中找共鳴。
有包容性的審美，如同網路加了寬頻，視野瞬間寬廣遼闊，上通下達，美不勝收。

14／高情商者是天生的博弈高手

真正的情商高是和而不同，意思是關係和諧，但在具體問題上不必苟同對方。

小成靠智商，中成靠情商，大成靠思維方式。情商非常重要，我理解的情商，有兩個面向。

第一個面向是自律性，尤其是控制情緒的能力。每個人理論上都是管理者，要管理自己的目標，管理身體，管理時間，管理人際關係，以及管理自己的情緒。情商高的人善於管理自己的情緒，在情緒上不失態，也不會過度憂慮、後悔、憤怒和抱怨。他深知這些過度的情緒唯一的作用就是副作用，只能讓事情越來越糟糕，讓自己更加孤立。

當然，管理情緒也包括利用自己的情緒來達成目標的能力，比如憤怒就並非毫無意義。在對的時間、對的場合、對上對的人，憤怒擁有很強的建設性。

第二個面向，高情商是指與人為善的能力。一個真正情商高的人，做所有事情的出發點都是為了讓事態朝著更好的方向發展。情商高的人真誠，善於傳達善意。他也知道善良應該傳達給何人，應該達到怎樣的程度，不會毫無原則。

情商高的人不意味著八面玲瓏，巧舌如簧，即使他是一個銷售人員，他也只銷售他相信的東西，他相信他銷售的商品對客戶有真正的幫助。高情商不是一種技巧，要麼出於天性，要麼是因為他有很高的認知，他知道一個工於心計，或者喜歡零和博弈的人無法走得更遠。高情商的人是天生的博弈高手，他們總是希望能找到「一加一大於三」的方法。他們相信總是有這樣的方法。

真正情商高的人，能夠良好地控制或應用情緒。能夠透過率先表達真誠和善良來達到雙贏；他們的真誠和氣度讓他們擁有很多朋友，但永遠不會因為親近而失去對朋友的尊重。

他們善於經營關係，但永遠知道這一切的前提是首先要愛自己。

他們愛自己，但絕不以自己為中心，他們善於傾聽。

他們說話、做事有分寸感，即使絕交，也絕不口出惡言，讓事態無法收拾。

真正的情商高是和而不同，意思是關係和諧，但在具體問題上不必苟同對方。這與一般人理解的情商高就是會說話、就是八面玲瓏大不相同。後者是同而不和，意思是他可能會迎合他人心理，附和別人言論，但內心卻毫不認同，反而對他人充滿敵意。

15／每個人都需要學會講故事

學會講故事，是讓人留下深刻印象、降低溝通成本的最佳手段。

某種程度上講，故事是文化的傳承工具，故事推動人類進步。

要找到一個投資，你需要在一分鐘內講清楚你公司的商業模型。

要賣出一個故事，你則需要在一分鐘內講清楚它是一個什麼樣的故事，這個故事的價值何在？

在任何一個行業的任何一個職務，講故事的能力都不可謂不重要。上下級溝通，和客戶溝通，和主管部門溝通，學會講故事，都是讓人留下深刻印象、降低溝通成本的最佳手段。

在所有的故事中，你要可以找到最驚心動魄，最有辨識度和最有說服力的故事。

你要用最簡單的方式，即使是小孩子也能聽得懂的方式去講述。

16／為自己拚盡全力 也別獨善其身

在日益艱難的時代，首先要學會傳達善良。要為自己拚盡全力，也要希望所有行業，所有人都好。

一個人的格局，要不斷地放大，尤其在大環境艱難的時候，能幫人的時候幫人一把，即便不能幫人，也不要在別人落難的時候去踩一腳。

在別人艱辛的時候，你要心有戚戚焉；在別人發出微弱的聲音時，沒必要去說風涼話；在別人普遍覺察到災難要來的時候，你不能僅僅算計自己的一畝三分地。

如果你身處一家頂尖公司，現金流還算充裕，或者你對一個產業的枯榮，具有殺伐決斷的影響，你就應該承擔起領頭羊的作用。哪怕你只有一點點的微光，在溫暖自己的時候，也盡可能照耀一下別人。

任何時候，你都不要心存害人之心；不要參與到任何一場傷害中去，這應該是一個人對自己的最低要求。

在日益艱難的時代，首先要學會傳達善良。要為自己拚盡全力，也要希望所有行業，所有人都好。一個人不可能獨自走出泥沼，一艘船不可能獨自在驚濤駭浪中獨自前行。大家應該手把手，船並船，一起走出去。

17／真正優秀的人常自以為非

自卑是什麼？是不承認自己有更好的可能。自以為非是什麼？是承認還有更多的可能。

大多數人都自以為是，因為每個人都或多或少擁有一些能力和經驗。但是真正優秀的人，一定是自以為非的。

所謂自以為非，並不是無端地懷疑自己，沒自信。一個自以為非的人，反而對自己擁有的經驗和教訓了然於心，他知道自己擁有的東西，就是他對抗不確定世界的武器。

但只有這些還不夠，一個人經歷的不確定性，不會以同樣的形態、同樣的方式出現。一個人在對抗上一輪不確定性中學到的經驗，無法有效地對抗新的挑戰。

①他必須掌握更多不在自己經驗內的事情。

②他也必須否定一部分已經固化的經驗。

③他必須與擁有更豐富經驗和教訓的人、事物建立連結。

一個人的自我越小，他獲得新經驗值的能力就越強。

自卑是什麼？是不承認自己有更好的可能。自以為非是什麼？是承認還有更多的可能。

讀王陽明、笛卡兒、稻盛和夫、曾國藩，他們的共通性就是「反求諸己」。一個人只有承認自己的不足，承認自己有很多不在自己經驗內的事情，才能有更多空間去吸納更新、更重要、更有力量的經驗。

一個真正認清自己弱點和局限的人，能看到一個廣袤無際的未知世界。

18／多考慮利害 別想太多是非

一個人如果喜歡從利害關係來判斷問題，則需要他具備更深入、更完善的思維系統來支撐。

人們說小孩子喜歡爭論是非，成年人喜歡討論利害，這當然是一種成長帶來的變化。除了極少數大是大非、公認的是非，大部分事情都不一定有是非。即使在你看來堅不可摧的「是」，在你的對手看來也可能是徹底的「非」，所以人們常說「說人是非者，必是是非人」。

從某種角度講，是非和利害也是一致的，大是大非常是大利大害。是非常給人一種錯覺，讓人感覺有一種道德上的優越感。

但實際上，很多人的是非觀僅僅是一種較簡單的判斷，而一個人如果喜歡從利害關係來判斷問題，則需要他具備更深入、更完善的思維系統來支撐。

19／接受不同觀點 才能成長得更快

一部廣為傳頌的小說，常常是和獵手或者企劃能夠建立強烈情感連結的作品。

每週我們都要開一個漫長的故事發現會議。我們的故事獵手按照公司的基本要求，每週都要彙報一週內他們讀過的最好的小說，我們的企劃則對前一週通過審核的故事進行複核。

那些最出類拔萃的獵手和企劃總是勇於表達自己的觀點，有時候會議就像是一場辯論賽，觀點的碰撞、言語的犀利，你來我往，總是要論出一個冠亞軍，我的某些觀點也經常被同事質疑。

我要求我們的獵手和企劃必須將他人的面子放在一旁，誠實而獨立地表達自己的觀感，包括感性的部分。一部廣為傳頌的小說，常常是和獵手或者企劃能夠建立強烈情感連結的作品。

我曾經因為我們的一個獵手在推薦她讀的小說時淚流滿面而果斷為這本書下注，

很多人回避衝突，委婉地表達，甚至當面只說冠冕堂皇的話。但確實少部分高業績的人完全不顧他人面子，你來我往，爭執不休。

所有的爭論最後我會一錘定音，每週我們會根據大家的評估結果，決定購買還是放棄作品。決定購買的，我們會把作品放到到我們命名的「諸神聯盟ＩＰ世界」，我們希望在日復一日的篩選中發現越來越多的佼佼者，直至可以培養成一流的ＩＰ內容。

那些不回避衝突、敢於表達真實想法的所有獵手和企劃，將同我一起，實現我們的願景。

20／關注排行榜但不迷信它

能從排行榜中看到真價值與真問題的人，是了不起的人。也是這些了不起的人，會更了解與利用排行榜。

從紙媒時代到PC（電腦）時代，再到如今的行動網路時代，查看各類排行榜是我每天必做的功課。

俄國歷史學家克柳切夫斯基（Pyotr Klyuchevsky）說：「**研究生活的人才能從生活中獲得教益。**」我們都熱愛著生活，我們都期待著在瑣碎卻浪漫的人生日常中獲得養分，最好還能得到一些科學甚至是被前人無數次驗證過的方法，繼而堅定從容奔赴前程。各類排行榜，正是這養分的來源，也是孕育著這些方法的土壤。

排行榜是公開的資訊，面對龐雜資訊請記住：表面的意思永遠不是真正的意思，真正的價值往往隱藏於表象之下。

在我看來，查閱各類榜單時，有三個關注重點：

①今日排名靠前的是哪幾類型的話題或作品。

②每一項榜單背後反映出來的價值點和情感點是什麼。
③這些價值點、情感點是否可開發、可持續。

關注話題或作品的類型，可以很好地幫助我們建立對當下世界的感性認知，讓你清晰鎖定當下市場關注的趨勢與方向。若是一段時間以來，排行榜上的某個類別持續火熱，那麼你便可以在感性層面，做出初步的市場判斷與產品方向的選擇。關注每一條上榜內容背後的價值點，尋找那些讓用戶感同身受甚至共鳴的情感元素，能夠幫助你聚焦用戶痛點，進而規劃出自己產品或行動的底層邏輯、實現方法。

有些價值點、情感點的熱度會持續很久，等你將其具體化並實現之後，這些情感與價值依舊會對你的產品或行動產生推力。但某些則曇花一現，或有觸發政策、社會輿論、道德法律等方面反向制約的風險，換句話說，有些價值點是可以挖掘和放大的，有一些沒等你養成就會胎死腹中。時時刻刻關注，長長久久的思考，會幫助你形成良好的判斷與選擇能力。

能從排行榜中看到真價值與真問題的人，是了不起的人。也是這些了不起的人，會更了解與利用排行榜。

在娛樂行業中，我們公司是一個特別的存在。我常說我們公司腳踏兩條船，我們是絕大多數影視公司裡最懂文學的，也是絕大多數文學公司裡最懂影視的。很多人不知道，這樣一家略顯奇葩的公司，將「大量接觸榜單」定為我們的營運規則。我們優秀的故事獵手們，每天都在各類榜單中判斷當下的社會情緒，判斷什麼樣的題材與類型會是下一階段市場歡迎的，判斷哪一位作者會是第二個唐家三少或流瀲紫，這些透過榜單的判斷直接引導了我們對於內容的選擇。我想，這行業之所以對我們公司給予充分的肯定與信任，莫不因此。

讀罷上面的文字，你或許已打開手機開始刷榜。且慢，還有一點同樣重要。

關注榜單卻千萬不能迷信它，提醒自己在榜單的加持下到市場裡尋找趨勢信號。

在娛樂產業，人們習慣根據已經發生的排行榜來確定第二年甚至第三年的影片、產品、發展方向。然而即便是當年的銷售冠軍，多數情況下經驗也是難以複製的。根據排行榜預判未來趨勢是必要的，但有時也會刻舟求劍，白忙一場。職場中的高手無時無刻關注榜單，卻永遠不會盡信，更不會迷信。他們習慣到更廣闊的社會中去驗證自己的判斷，不斷地修正自己的行動，優化自己的思路。古人說：盡信書則不如無書。排行榜，亦是如此。

透徹研究排行榜，猶如摸著石頭過河，有時也似盲人摸象。起初一無所知，毫無頭緒，但持續地刷榜，能讓人逐漸釐清規律、發現諸多奧秘。正如盲人接觸象的不同部位、細心感受其輪廓和觸感，最終得以在腦海中勾勒出一頭象完整的模樣。願你用心分析排行榜，從中獲得豐富有效的資訊，助工作一臂之力。

21／一根火柴可以燒掉一座宮殿

在很多人看來稀鬆平常的一些事情中，其實正醞釀著一場風暴，而你在當下卻渾然未覺。

在創業七年間我所感受到的風險，遠遠超過我做職業經理人的那十三年。

作為一個IP獵手和影視投資團隊，我們幾乎每週都在做決策。如果做錯一個決策，我們有可能損失百萬到千萬人民幣不等。但如果做對了一個決策，我們也將受益匪淺。

作為中國娛樂業最受認可的團隊之一，我們每週都要檢視各種錯誤，也會小心翼翼地捕捉機會。

我們每週有兩次重要會議，一次是IP購買決策會議，我幾乎鮮有缺席。我們在每週一的例會上確定我們要購買和投資的項目，另一次是風險會議，我們每週要檢視公司和整個產業遭遇過的眾多風險，這些由決策者和經辦人犯過的錯誤成了公司的傷痕，我想讓公司的每個人都牢牢記住。

正是一個又一個讓人疼痛的錯誤，讓我們意識到一個風險可以讓一座宮殿毀於一旦。選擇正確與否、價格合適與否、合約裡的陷阱、市場與政策的驟然變化，都成為我們風險清單裡的一部分。

從一個節奏快速的成長時期，到充滿不確定性的時期，再到一個高度確定性風險的時期，結構性和系統性的風險不斷地發生，而正是因為風險不斷發生和演變，讓建立風險清單這件事變得非常有必要。

山上滾下來的石子，傷害性有可能和巨石落下一樣，而風險清單像一個濾網或者篩子，一開始就把那些石子擋住。君子不立危牆之下，說的是人應該遠離風險。但風險可不是標示得一清二楚的事物，很多看似平常的事都可能有潛藏的風險，且風險一旦被觸發，便可能一發不可收拾。

要想不濕鞋，就別總在河邊走。

第一，一定要有風險意識。很多風險在認知之外，人必須不停地學習，進而對風險有準確的認知。在很多人看來稀鬆平常的一些事情中，其實正醞釀著一場風暴，而你在當下卻渾然未覺。

第二，一旦建立起風險的認知，就要學會評估風險的可能性。對於那些可能性大的，應該始終心懷警惕。

第三，風險管理最重要的一點是越早處理越好。很多風險還只是苗頭的時候就得果斷處理，正所謂上醫醫未病。

一切都在進化，風險也不例外，在它還是一隻小怪獸的時候，你本可以輕鬆地消滅它，但大多數人都錯失了及早消滅風險的機會，只能在風險徹底觸發後，才後悔莫及。

那麼，我們在面對風險的時候到底怎麼選擇呢？

①成本低、風險小、收益高的事情不如起而行之。比如，失眠時候的某種傳統療法、絕境時候的某根稻草、病痛時候的某個藥方等等。

②成本高、風險高、收益高的事情一定要特別謹慎。但如果風險控制在即使失敗也可以承受的程度，不妨一試。

③**成本高、收益低的事情不要做，無論風險多高或多低**，因為你應該把你的注意力放在更高價值的事情上。

④並非所有的風險一開始就是風險，風險蔓延可能與你的認知導致的拖延有關。機會的特點是轉瞬即逝，而風險的特點就是從火苗變成一場浩蕩的火災非常迅速。所以**在發生系統性風險前快速、非常快速行動常常是破解風險的密碼**。

⑤永遠不要相信天上掉餡餅，一本萬利的事情大多包含著巨大的風險，哪怕你真的

錯過了一個「餡餅」。

⑥當一個問題特別重要的時候，你要跑到認知、資源外去尋找答案。也許在當下無解的難題，在另外一個圈子、另外的領域或另外一個時間裡，很容易破解。

⑦難度和風險是兩回事。人應該去做難度大的事情，因為這是提升能力唯一靠譜的方法。但風險大的事情，無論難度多低，都要謹慎對待。

⑧重申一下，難度和風險是相對的。一個認知廣泛、護城河寬廣的人眼中，面對挑戰和風險時，與認知窄、護城河淺的人不可同日而語。

⑨很多人習慣「用別人的錢去冒險」、「賺傻子的錢，讓窮人買單」，你要警惕避免自己成為別人的代價。

⑩要尋找和你共同承擔風險的人，永遠不要選擇只享受收益，而不和你一起冒險、不一起共同承擔損失的夥伴長期合作。

⑪如果一個策略有可能觸發爆倉、系統性毀滅、破產或者無法承受的傷害，那無論多麼大的收益也絕不嘗試。

⑫一定要知行合一。

22／機會不是偶然發生的機率

看到機會的人很多，而願意為此付出成本的人卻很少，這就是很多人無法抓住機會的原因。

機會就像藏在草叢中的寶藏。

①要想了解機會，首先要了解週期。經濟學家康德拉季耶夫在觀察了近兩百年的經濟貿易歷史後，認為一輪大的康波週期為四十五年到六十年，而每個波康波週期中又包括繁榮、衰退、蕭條、回升四個階段。知名經濟學家周金濤認為人生就是一場康波週期的循環，其中包括三次房地產週期、九次固定資產投資週期和十八次庫存週期，人的一生就是這樣的過程。

發財主要看康波，如果把發財換作機會，情況也沒有什麼不同。我們觀察身邊能夠迅速累積財富的，很多確實與房地產、股市、大宗商品交易、外匯買賣有關。何時進場，何時出場，都關係著財富的規模。

②我們在可以遇到的週期裡觀察，每次新政策施行、產業巨變、新技術革命都創造

了大量的機會，無數人抓住了這些機會，讓財富大幅成長。

③問題是為什麼只有少數人抓住了這些創富的機會，大多數人與財富無緣？機會面前真的人人平等嗎？

④對機會的認知：別人不知道你知道了，別人不明白你明白了，別人猶豫的時候你果斷地做了。

⑤成功的本質是以小博大，交易的本質是以小博大，機會的本質也是以小博大。

經濟學家曼昆在《經濟學原理》中指出：一種東西的成本是為了得到它而放棄的機會成本。簡單地講，就是為了得到什麼，必須放棄什麼，選擇是唯一的，不能同時擁有。**善於抓住機會的人精於計算成本的取捨，他會列出所有可以選擇的機會**。

與目標長遠結合。

哪個的成本更容易控制？

選擇時會失去什麼？會顧此失彼嗎？

任何選擇都不可以超出能力範圍。

看到機會的人很多，而願意為此付出成本的人卻很少，這就是很多人無法抓住機會的原因。

⑥一個能抓住機會的人永遠不是一個機會主義者，不是那種一看到市場上有某個發財機會就想大撈一筆、撈完就走的人。機會主義者總是在做自己搞不懂、不相信的東西，總是什麼風來了都想摻和一下。他們可能在某次交易中賺錢，但不可能在所有的交易中賺錢。他們可能會憑藉運氣賺到一些錢，但是他們很快就會將賺到的錢因認知而輸掉。

⑦真正的機會，首先發生在危險和需要變革的時間點，中文中的危和機總是緊密相連，善於創造機會的人會在死氣沉沉中創造和建構新的需求關係。影視平台崛起時，正午陽光抓住了影視平台對劇集的需求，他們的切入點就是現在聲名鵲起的ＩＰ。ＩＰ的本質就是經過不斷檢驗的小說或漫畫，這些作品在還是數位閱讀產品的時候就有無數粉絲，變成廣播劇、漫畫單行本、出版品後，又會收割一輪新的粉絲。

當這些ＩＰ成為劇集的時候，它們具備了群眾基礎。正午陽光的製作人和導演以精湛的製作能力和審美能力而著稱，網路上的粉絲或追劇族群與這些作品發生了化學反應，創下收視佳績，最早的《琅琊榜》、《歡樂頌》、《大江大河》、《知否知否應是綠肥紅瘦》莫不如此。

⑧機會的本質是認知落差、資訊落差。一個擁有資訊蒐集能力的人，發現和抓住機

會的能力顯然高於那些習慣道聽塗說的人。一個擁有豐富人脈的人，對趨勢、對機會的理解也顯然比單打獨鬥的人更強。要善於捕捉震撼而尚未大範圍傳播的資訊，要在最優秀的人形成共識之後馬上躬身入局。

⑨只有人已經上路，真正的機會，才會降臨。機會崛起於大勢中，崛起於不破不立中，崛起於行動中。機會青睞一個果斷思考、早早入場、細心耕耘和經營的人。

⑩能抓住機會的人，不僅要依賴趨勢，更要看自己的比較優勢和氣勢。所謂比較優勢，就是自己有能力做到極致的事物；所謂氣勢，就是能全力以赴，畢其功於一役，全力以赴，日思夜想的行動準則。

⑪機會稍縱即逝，空窗期越來越短。尤其在充滿不確定性的市場，政策多變，多重危機疊加下，一個迅速成交而利潤不夠高的交易更為重要。**因為拖延、糾結於細枝末節，或者團隊內部的鉤心鬥角，造成的效率降低，是機會最大的敵人**。不要哀歎曾經有一次機會擺在你面前而你沒有珍惜，因為如果上天再給你一次機會，你同樣把握不住，機會永遠不會徘徊在總是放棄它的人身邊。

⑫可以重申的是，機會與週期有關，與選擇有關，與不確定有關，與行動有關。一個人一生當中關鍵的機會就那麼幾次，你考上了什麼大學，選擇了什麼樣的愛人，想要

過一種什麼樣的生活，為此願意付出什麼樣的改變，交什麼樣的朋友，怎麼分配你的時間，認知和行為是否能夠匹配，都關乎機會降臨。對於有的人而言，機會只是機率；而對於有的人而言，機會卻是活生生可以擁抱的人。

23／市場悲觀時更要冷靜以對

市場悲觀的時候，要從不能做致命的決策到不能做錯誤的決策，因為你逃生的次數已經有限。

①要做正確的事情。正確的事情就是可以做到極致的事情、是經過驗證的事情、機會大門剛剛打開的事情，以及和正確的人共同做的事情。

②對於輪廓已經非常清晰的事情，想要在競爭中生存的方法是繼續創新，提高供給、提升效率、降低成本。

③創新業務要在小規模驗證後，再大量投入。

④要花更長的時間來做出適當反應，這是一個學習的過程，也是克服人性的一個過程。

⑤要提升有效客戶的規模，以及降低與有效客戶的溝通成本。

⑥要有足夠的資訊量去理解變化，要管理好變化。

⑦學會冷靜觀察，從頻繁做決策到只做關鍵的決策，到只在關鍵的時刻做決策。

⑧尤其要管理好風險，要從不能做致命的決策到不能做錯誤的決策，因為你逃生的次數已經有限。

⑨用極快的反應來應對，機會總是快速消失、風險總是快速蔓延，反應速度一定要快。

⑩堅信正確的事情。所謂正確的事情就是前面永遠有機會，就是只要是正確的事情，就不要放棄。一個總是出擊的獵手不是好獵手，好的獵手像鷹，永遠相信機會，永遠在等待機會，永遠在高處等待機會，永遠在機會到來的時候會給出致命的一擊。

24／和用戶建立情感連結 才能打動人心

一個平均分還可以的作品遠遠不如一個在某些方面極致的作品，因為後者給你提供了非常新鮮和震撼的體驗。

講故事給大眾聽，就要關心他們關心什麼。

我們一年購買五〇個故事，其中有相當一部分大家耳熟能詳，比如《嫌疑人X的獻身》、《少年的你》、《鶴唳華亭》、《清平樂》、《快把我哥帶走》。這些故事在文字創作階段就已經擁有大批的粉絲，做成戲劇、電影，也常常有不俗的表現。

當我們回顧那些成功故事的時候，發現它們有諸多的共性。

一、**IP的本質是與受眾建立強烈的共鳴**。不誇張地說，所有成功的IP都是要滿足了一部分人或大多數人對某種情感的強烈需要，我將它定義為「廣譜情緒」。

像真善美，像家國情懷與故土思戀，像女性主義，像原生家庭對一個人的塑造與影響，像由貧富差距引發的不安全感等等，這些既是每個人都要面對的人生關鍵字，又都是具有一定普遍性的情感情緒。紅遍全球的《魷魚遊戲》、由郝景芳創作，曾獲「雨果獎」的《北京折疊》、當災難來臨，選擇帶著「家」流浪的《流浪地球》、講述了母女情的《你好，李煥英》，實際上這些作品都寄託了人類的基本價值觀和情感。

又比如抖音上讓人快樂的秘訣，據說就是「無所謂、沒必要、不至於」，包括我們現在的「〇〇後」世代，他們對中國風元素的熱愛、對國術的熱愛……我們有一部武術題材的小說，叫《虎辭山》，對於武術技能的展現非常扎實，武術道德及價值觀的傳遞也非常強烈，藉由這部作品傳遞出來的家國情懷，包括年輕人「囂張」、「輕狂」、「撒野」的行為特點，都極具個性，這其實就是屬於當代年輕人的一種快樂體驗。

二、**具有辨識度**。電影研究領域，有「類型片」這個概念。在我看來任何內容產品，都應利用「類型」來鎖定精準用戶，形成有影響力的聲量。

「類型」是獨特的，是準確的，是有辨識度的。其實，一個ＩＰ之所以成為ＩＰ，也是因為它有鮮明的辨識度，不可替代。所謂辨識度，就是與眾不同。你鄰居家的小妹可能不是一個傾城傾國的美女，但她個性獨特不入俗流，因此她總會在你的記憶中浮現；哪怕是你看過一萬本書，你也確定，像《簡·愛》這樣的主角，像魯迅先生這樣的語言與表達，你從未見過。

它很新鮮，給你震撼，超越了你的經驗。我們一直在尋找有辨識度的故事和有辨識度的人。那什麼叫「有辨識度的人」？我們經常說喜歡一個故事，本質上是喜歡這個故事裡的主角，是「人設」。就像《西遊記》裡面的孫悟空、唐僧、豬八戒……每個角色都有自己的粉絲。還有大家耳熟能詳、唐家三少作品《斗羅大陸》的主角唐三，他代表了熱血、不屈服的「人設」，是不屈不撓的極端表現，這是年輕人喜歡的部分。

再比如說網紅李子柒，她為什麼受到全世界的歡迎？首先那種像世外桃源似的生活以及以美食文化為主線的故事，具有普遍性和共通性，符合人類共同的價值觀念。影片中看似柔弱、衣袂飄飄的田園仙女，俐落地上山砍樹做衣架，快手削竹做沙發……有關她的一切是那麼與眾不同。**辨識度是ＩＰ的核心**，在抖音上，所謂「男人不像男人，女人不像女人，比男人更男人，比女人更女人」、「人無我有，人有我新，人新我精，人精我變」，這些與眾不同的方法論，正是ＩＰ的主要特點，也是流量密碼。

三、**要有經典的敘事模型**。所有最受歡迎的故事，都能夠在莎士比亞的戲劇裡、在中國古典短篇小說集「三言、二拍」[註]裡，還有《安徒生童話》等傳統經典故事中找到敘事模型。我們每個人耳濡目染，自小就接受經典小說的訓練，以至於理解並熟悉這些敘事模型。對於和他們相似或者相近的模型，我們總是很容易接受。

你看無論是好萊塢的漫威世界，還是中國的《西遊記》，它們的敘事模式都是升級闖關的遊戲敘事結構。我們拿《西遊記》舉例，設置了八十一道關，過一道關就會成長一次。再比如中國《唐人街探案》系列電影，在升級闖關的遊戲敘事結構之外，再加進了案中案的劇情結構，也是非常經典的敘事模型。有人做過統計，好萊塢影史上排名前一百的電影中，有百分之九十五講述的都是英雄故事，即聚焦一個年輕人的成長與發展，從個體的奮鬥與夢想出發，以小見大地反映出時代的變換與正向價值觀的力量。

這些電影在結構上往往呈現出明顯的三段式模式：主角和環境的對立、主角獲得具體的經驗、主角和世界和解。在這個過程中，主角從弱小到強大，從猶疑到堅定，從自卑到自信，從消極到積極，從絕望到希望，這些變化所畫出的弧線被稱為「角色成長曲線」（Character Arc）。在整個敘事系統中，還會出現英雄、導師、守門人、盟友、變形者、信使、小丑和陰影等形象，代表了一個人從本我到發現自我直至抵達超我，所需要整合的一切內外部力量，及眾多的契機、災難。

故事常常是這樣展開的：一個自卑的問題少年，唯一信任他的祖母被黑暗勢力殺害，他決定復仇。他獲得了某種異能，一開始所向披靡，但也需要克服內心的惶恐和不安。他最終遇到了敵人的大首領，殊死決戰，在即將被打敗的時候發現了祖母給他的某個信物或某種信念，他突然滿血復活，開始絕地反擊，最後和敵人的大首領雙雙被埋在廢墟中。

片刻之後，他搖搖晃晃，涅槃重生……經過檢驗的故事模型，可以不斷通過新一輪的驗證。像是每個人面貌不一，但骨架大抵相同。

四、要有高辨識度的ＩＰ樣貌。我們需要把一個ＩＰ當中最有代表性的部分展現出來，不斷重複和強化，就像五官俊秀的人很少遮掩他輪廓分明的臉龐。

那些在拍賣市場上輕鬆賣出天價的繪畫作品，如莫內、柯洛、藤田嗣治、村上隆的畫，你一眼就能辨識出作者來，這正是因為畫家們不斷地強化自己可被辨識的視覺風格所致。像畢卡索的畫，色彩純粹、豐富，人物五官錯位；達利的畫，超現實，畫面中的物體非常散和碎；林布蘭的畫，燈光感很足，畫裡的每個人物都像昏暗街燈下的流浪漢，一副不修邊幅的樣子等等。

在抖音比較熱門的帳號裡，「張同學」作品的背景音樂絕大多數是Aloha Heja He，那是德國作曲家阿希姆．瑞切爾（Achim Reichel）演唱的一首歌曲。其他包括經常出現的語言、服飾、道具、布景等，都是建立ＩＰ辨識度的重要手段。

五、腳步不停，要有新審美觀。新審美觀通俗地講，就是「新瓶裝舊酒」。唐詩、宋詞、元話本、明小說，一代人有一代人的文學，一代人有一代人的經典。中國時下年輕人最喜歡的平台是bilibili網站，跟中國風元素相關的內容也是最受年輕人歡迎的。再比如河南衛視，一家傳統的二線電視平台，在B站裡的粉絲卻是中國各省級電視台中最多的，它推出的《唐宮夜宴》、《端午奇妙遊》、《舞千年》等作品，獲得了很多年輕人的追捧。

網友們說：「你永遠可以相信河南衛視的審美」。河南衛視的成功，很大程度上取決於內容創作者們用年輕人樂於接受且符合期待的形式呈現，結合了中華傳統文化藝術中最經典、最璀璨、最具有節奏感的高知名度片段，結合時尚與傳統，「兩條腿走路，兩腿都修長又迷人」。

審美也是要有包容性的，要在上一代、同一代、下一代的流行審美中找共鳴。中國動漫短影音頻道裡有一個經典的ＩＰ《一禪小和尚》，被稱為「中國版一休」，懵懂的小和尚與洞察人心的老和尚的角色設定，簡單直白的話語闡述因果，短短幾十秒的短影片就能打動人心。

審美就像是一個登山運動員的攀登之旅，亦是一個「見自己，見天地，見眾生」的過程。我不認為審美是天賦，要想審美好，要大量閱讀、大量看片，要見多識廣，要與審美能力超群的人做朋友。

六、**追求極致表現，而不是平均分數**。有時候，難度造就奇觀。了不起的事物不是一個平均分數尚可的事物，而是在最重要的面向擁有別人無法比擬優勢的事物。在核心擁有極致表現，在其他方面表現平平，甚至有一些重要缺陷的專案、人或者決策，往往是我們所歡迎的。一個平均分還可以的作品遠遠不如一個在某些方面極致的作品，因為後者給你提供了非常新鮮和震撼的體驗。

最優秀的內容，不只是安全區的決策，可能需要走到深水區。當時我們購買《少年的你》這個ＩＰ時，很多企劃因為校園暴力審查的問題提出異議，但我覺得校園暴力只是一個話題而已，真正打動我並讓我做出決定的，是校園中的年輕人互相依靠的那份孤獨的情感。顯然，這份情緒與這個時代進行了一次深情的對話。想要不被颱風碾壓，就需要跑到颱風的中心，那裡才是真正的安全地帶。

註：「三言、二拍」是指明代五本著名傳奇短篇小說集及擬話本集的合稱，包括了馮夢龍所著的《喻世明言》、《警世通言》、《醒世恆言》，以及凌濛初所著的擬話本小說集《初刻拍案驚奇》和《二刻拍案驚奇》。

25／停損而不是挽回損失

重大成功和重大失敗後，人的情感很容易戰勝理性。

①敬畏不確定性，在任何一筆交易中，即使最成功的交易員，都無法確保市場會完全依照他的預判方向發展。

②你必須在每個錯誤決策導致損失時設置停損點，確保不跌破交易系統設置的清算底線，以免帶給你致命的傷害。

③你必須從每個錯誤中不斷記取教訓和反思，每一次虧損都能改善和優化交易策略，最終將帶來質變。

④每次交易都是對自己現有決策方式適應市場變化的動態檢核，市場永遠是正確的，跟隨市場、敬畏市場，始終誠惶誠恐、如履薄冰。

⑤遭受重擊或超乎預期達到既定營利目標後，縮減經營規模。大部分人在重大失敗後會孤注一擲，重押豪賭，希望挽回損失。此時決策的風險控管和交易紀律在人性面前往往不堪一擊，這是因為重大成功和重大失敗後，人的情感很容易戰勝理性。

⑥迅速接受現實。

⑦敬畏市場，保持對市場足夠的耐心，只在適當的時機出手。

⑧風險控管是救命稻草。嚴格執行交易紀律是為了更好地鎖定獲利和最大限度地減少損失。**優秀的交易者通常會把「嚴格實行風險控管」放在生死存亡的高度**，因為他們知道，一旦失去風險控管，日積月累的收益可以一夜歸零。

26／內戰外行 外戰內行

一個人將自己的注意力分配在哪裡，他就會成為一個什麼樣的人。

要內戰外行，外戰內行。

優秀的人，不應該將主要精力放在琢磨人際關係上。

真誠就是一個人最大的鎧甲，專業就是一個人戰無不勝的武器。

看慣了宮廷戲的人，喜歡庸俗化的人際關係。而一個洞察人性的人，喜歡去更廣闊的舞台作戰。

一個人完全可以憑自己的戰績奔騰不息，哪怕在一個不完美的團隊裡。

一個人將自己的注意力分配在哪裡，他就會成為一個什麼樣的人。

要成為甄嬛，還是霍去病，要鉤心鬥角還是封狼居胥，取決於你的專注力分配。

27／想做的事情 要做到極致

每個階段有每個階段的使命，但我們年輕時候埋下的種子，在一生中都會陸續綻放。

對於認定的方向，以及有目共睹可以獲得的成就，就要拿出魄力，全力以赴。

二〇〇五年，我受命創建新浪博客。當時參加測試的多是產業人士，人們普遍認為博客應該專屬於財經、科技領域。

為提升博客的每日訪問量，起初我費盡心機，但成效不大。

二〇〇五年國慶日，余華老師帶著當時的新作《兄弟》做客新浪，我們禮貌性地邀請余華開通博客。國慶結束後，收到他的電話，說一篇採訪他的文章被他嘗試性地發到了博客上，獲得了七千個點擊。就在那一瞬間，我突然想：如果有十個余華老師，那一天可能就會有十萬個用戶，如果有二十個余華老師，就會有二十萬用戶，甚至更多（這麼多年來，我們與余華老師還保持著合作，大家喜歡的《文城》，將被我們搬上話劇舞臺）。

於是，我決心邀請更多的名人加入新浪博客。

最開始的嘗試統統以失敗告終，因為紙媒邀請名人和明星寫文章需要付高額稿酬。但我沒有放棄，列出了當年最熱門的三十個人，發誓一定要邀請到他們加入新浪博客的寫作群中。

我當時分管新浪讀書、女性、房產、教育等頻道，「利用職權」軟硬兼施，給第一批受邀的名人用戶分配了每個人必須幫我們拉三個名人的任務，如果沒有完成，我就會不厭其煩地用電話轟炸他們。

那一段時間我幾乎夜以繼日在做這項工作，我還參與到了與這些名人、明星討論選題的過程中。我成功地將這些博客主變成了我們的編輯。如果他寫了一篇並不受歡迎的文章，我甚至還會打電話批評他們。反之，也不吝任何讚美。

據說有一位知名人士因為我頻頻的電話要求，而短暫患上了恐慌症。兩個月後，新浪博客成為新浪排名第二的頻道，一年後成為新浪使用者最多的頻道。

事後回想，如果當時沒有一種魄力，從最難的開始、堅持把最難的先搞定——不但要搞定，還要做到極致，那麼我也不過是一個平凡無奇的編輯。幸運的是那個時代不流行「躺平」，也不流行內部惡性競爭，我只是發自內心想成為一支職場上的績優股而已。日後，當很多人討論「躺平」、內鬥並橫加指責的時候，我不以為然。因為如果一個人在最年輕的時候，不嘗試將自己逼到極致，而是隨波逐流，那他的一生大概就是在平均線上下浮沉的一生。

多年後的今天，我成為一名創業者。我越發意識到，在面對雷電交加的不確定性時，我必須付出比在大平台工作時更多的力量，來確保我們的創業公司不至於折戟沉沙。

每個階段有每個階段的使命，但我們年輕時候埋下的種子，在一生中都會陸續綻放。

沒有一朵花，
一開始便是花；
也沒有一朵花，
直到最後仍是花。

28／追求頂尖、追求極致

對於一個有饑餓感的獵手團隊而言，錯失卓越的ＩＰ無疑是一場災難。

我們購買的版權數以百計，有一些是高價值、高價格的版權；有一些是高潛力、低價格的版權；還有一些是高辨識度、高性價比的項目，這些都給我們帶來了回報。

我們有一支龐大的獵手隊伍，他們要從浩如煙海的出版物、網路文學、漫畫連載中尋找最優質的版權。我們還有一個超過八個人的決策小組，除了獵手日常呈報的專案，他們還要大量閱讀已經被售出、公認的好專案，借此提高自己的審美能力。

我們的決策機制非常簡單，全票通過或者被三分之二評委打高分的項目，我們一般會果斷地買，但也有例外。有一些大家覺得還可以，但勉強購買的項目最終帶來了麻煩。同樣的，有一些極具辨識度，但是存在高難度和風險的項目決策非常艱難，我們要在短時間內更清晰地了解市場的需要，為潛在的機會和風險描繪輪廓，這些項目通常都具備高收益，所以企劃的直覺感受及與市場建立情感共鳴的能力就非常重要。

在我們選拔優秀故事的時候，我們有一個獨特的制度——紅旗制度，指的是我們的獵手和企劃必須在第一時間讓我知道，他們發現了一個非常有吸引力的故事，如果不收入囊中，我們將為此感到遺憾。所有獵手和企劃都很小心翼翼地使用紅旗制度，紅旗制度如果使用不當，就會導致「狼來了」的後果，未來將沒有人相信你的判斷能力。在每次會議上，我都會強調紅旗制度的應用，確保大家在看到最優秀的內容時能夠迅速地喊出來。

在ＩＰ市場上，越優秀的內容最終越容易產生共識，但我們有一個非常短促的觀察期，讓我們可以在第一時間篩選到這些富有影響力的故事。紅旗制度讓我們受益匪淺，結果證明，越是那些資深的獵手、企劃所強烈堅持的，越具有非同一般的效益。

我們最早購買的《嫌疑人Ｘ的獻身》就是因為主角設定有瑕疵，險些被決策小組拒絕，但因為我和某些人的堅持而最終決定購買，並在兩年後取得了中國推理電影分類的票房冠軍。

我們也曾因為風險，與《球狀閃電》、《慶餘年》、《偷偷藏不住》等頂尖ＩＰ失之交臂。

對於一個有饑餓感的獵手團隊而言，錯失卓越的ＩＰ無疑是一場災難。

29／學會畫「象」

人的一生本質上是盲人摸象的一生，人生很多經歷，其實都在畫「象」。

命運就像是一隻情緒多變的老虎，有時候它和你玩捉迷藏，有時候你可以騎在它身上去遠方，有時候它會將你吞噬，有時候它會被你消滅。每個人的人生際遇都是如此。你要在老虎吞噬你之前學到足夠多的能力，以便在它撲來的時候可以機智地躲開。你必須非常快速地成長起來，因為這是你進入命運之門後唯一正確的路。

我們都是寓言故事裡的盲人，是在一隻大象面前透過觸摸，為大象畫像的人。有的人抱著一條象腿，說這就是大象呀；有的人還摸到了大象長長的鼻子，以為大象像一條長著腿的蛇。我們要不斷走進資訊的河流，去觸碰，去想像，去重組。沒有一個盲人可以看到一頭大象的全貌，那些聲稱自己偉大的人同樣也做不到。我們一生都在觸摸這頭大象，有的人止步於象腿，有的人已經知道這不過是大象的一部分，有的人將觸碰到大象鼻子，還有的人已經有了一些結構性的認知。

現在，有的人將克服風險，艱難地爬到象背上，他要麼從象背上掉下來，要麼對大象有了進一步的認知。

人的一生本質上是盲人摸象的一生，人生很多經歷，其實都在畫「象」。而我們怎麼對待危機，怎麼對待機會，怎麼對待挫折，怎麼對待打擊，會對我們的人生產生重要的影響。

30／跨過絕望你會更強大

如果你總是做好迎接更壞情況的準備，你的心態當然就會發生一些變化。

生活不會無緣無故地冒出一個考驗，也不會突然降臨一個你無法跨越的考驗，所有的考驗都是你認知招致的結果。事實上，你會在你認為不可跨越的考驗中倖存下來。所有的考驗本質上都有其正向的一面，那些置人死地的考驗，最終會讓你變得更強大。

創業後，我開始逐漸習慣與壞消息共存，心態因此發生了一些微妙的變化。我不再恐懼接踵而至的壞消息，甚至會提醒自己，事已至此，還能壞到哪裡呢？

如果你總是做好迎接更壞情況的準備，你的心態當然就會發生一些變化。

查理．蒙格曾說，他甚至有點期待壞事的發生，因為和壞事鬥爭能夠更顯著地提升自己的經驗值。

稻盛和夫在得知自己患有癌症的當晚，立刻就平復心情，接受了這個殘酷的事實。

經歷的考驗越多，你就會越強大，這就是那些跨越過很多考驗的人總能處變不驚、雲淡風輕的原因。

如果你能接近那些跨越了很多考驗，或是在一個考驗裡有過上山下海般經歷的人，你就知道發生糟糕事情的機率很高，**但再糟糕的事情，人也能扛過去**。

31／錢和道一樣可為人所用而不為人所有

一個培養出賺錢能力的人，要讓財富流動到應該去的地方。如同道一樣，不應該為一人所有。

能讓現金流入錢包的就是資產，能讓現金流出錢包的就是負債。

①能賺到錢的人，都很愛錢。因為愛錢，所以能將注意力集中在賺錢上。一個注意力集中在賺錢上的人，會有意識地發展自己賺錢的能力。

②所謂愛錢，就是既要愛自己的錢，也要愛別人的錢，比如公司的錢、合作夥伴的錢。不能對自己的錢視如珍寶，對他人的錢卻糟蹋如敝屣。錢和時間、愛一樣，本身是公允的事物。就像一個號稱善良的人，不可能只對自家人善良，而對其他人兇惡。

一個能賺到錢的人，怎麼可能讓別人承擔損失和風險，而自己獨享收益呢？一個置任職企業的利益以及合作夥伴的利益於不顧的人，怎麼可能長久地賺到錢呢？就像身處驚濤駭浪的小船上，還要挖空心思地從船上盜取零件銷售的人，怎麼可能獨善其身呢？一個對金錢流動規律了然於胸的人，需要有同理心，需要從一個大的框架和系統中出發。

③在賺錢這件事情上，做正確的事情遠遠比正確地做事重要。幸福來自頻率，而財富來自強度。因此，要選擇一個有長期發展前景的行業，要找到可以長期合作的人。要去機會多的地方，要到趨勢中，要去明天，要去認知還沒有到達的地方賺錢。做正確的事情，無論何時進去，無非是賺多賺少的事情；做不正確的事情，無論何時出來，也無非是賠多賠少的問題。

④不要憤世嫉俗，不要指責別人小氣。能賺到錢的人都很小氣，因為他們對賺錢有敬畏心，知道每一分錢都來之不易。**不要輕易地借錢給別人，也不要在生死攸關之外的任何情形下借錢**。一個為了消費借錢的人沒有賺錢的能力，他只會透過借錢來搞壞一段關係。如果你珍惜一個朋友，原則上不要向他借錢，也不要借錢給他。

⑤你擁有的錢只有兩種功能：消費和增值。前者是消費品，是車，價值逐漸遞減；後者是資產，是房子，會逐漸增值。一個能夠發展出賺錢能力的人善於為兩者配比。有賺錢能力的人，擁有資產思維模式，如果他買了十箱茅台酒，他也絕對不是為了炫耀和消費，他只是覺得茅台酒有增值價值而已。

⑥要選擇聰明過人、正直誠信、願意協助的商業合作夥伴；要將其中那些願意和

你共同承擔風險、損失和利益的人做朋友。一個人總會有失敗的時候，總會有需要借力的時候，一個人不能孤單地打贏所有戰鬥。一個能賺到錢的人，會善於分享，善於選擇，即使毫不圖報，但客觀上他給予的善良也是一種資產。一個擁有正確朋友圈的人，萬物都可能是資產。

⑦永遠不要相信天上掉餡餅的事情，不但不要相信，還要遠離。一個擁有賺錢能力的人，對「錢很難賺」這件事情的理解是現實主義而非浪漫主義。對於他而言，賺錢必須是正確而艱難的事情。

⑧一個擁有賺錢能力的人，發展出的最重要嗅覺就是對風險的嗅覺，一次風險帶來的傷害可以覆蓋掉九次憑藉幸運賺來的錢，**對風險的感知是認知裡最重要的一部分**。一個好的獵人，善於捕捉機會，但更善於捕捉風險。人聲鼎沸、眾聲喧嘩的地方，到處都是陷阱。

⑨要想獲得財富，就要學會利用槓桿。槓桿可以實現你財富的倍增，但前提是在高度確定性的情況下。融資、程式、勞動力都是典型的槓桿，你的智慧與槓桿共同發生作用，才有可能實現財富倍速成長。

⑩要形成自己的決策邏輯。賺錢是獲利的事情，你必須克服自己的人性，像一台

不斷學習和進化的機器一樣。你要不斷了解你賺錢、賠錢背後的決策邏輯，要不斷地記錄和優化你的原則，並最終按照你的原則行事。一個能發展出賺錢能力的人，能夠果斷轉身。世界上大部分的教訓給人帶來的警惕，莫過於賠錢帶來的教訓更直接，從這個意義上，錢是人類最好的老師。

⑪一個善於賺錢的人，要麼從趨勢中賺錢，要麼從價值上賺錢，要麼兼而有之。從趨勢中賺錢，快進快出，絕不拖泥帶水。從價值上賺錢，逢低買入，長期持有。一個能真正培養出賺錢能力的人，他賺錢的行為模式都嚴格限定在上述兩者。這需要一個人有很高的認知水準，必須精於獲取資訊，能更多、更早、更精確地使用有效資訊。一個人無法賺到認知以外的錢。

⑫一個號稱能賺錢的人，命運之神不可能一直青睞他。將關注力放在賺錢上，並不意味著錢是衡量一切的標誌。錢和道一樣，有其規律，但其規律難以捉摸，充滿無常。錢和道一樣，是絕境、失敗、風險和收穫的共同體，是殘酷土地上開出的花朵。錢和道一樣，應該為有德者所有。

一個人德不配位，擁有不在自己認知和德行上的財富，顯然不是一件好事。一個培養出賺錢能力的人，要讓財富流動到應該去的地方。如同道一樣，不應該為一人所有。

32／花錢比賺錢更考驗人

作為一家創業公司，我們的花錢之道是：不花錢辦事、花小錢辦大事、值得花的錢，必須果斷花。

最開始創業的時候，我們也像拿到巨額融資的公司一樣開始燒錢。幸運的是，我們在意識到市場將發生巨變前，停止了這個荒唐的行為。

作為一家創業公司，我們的花錢之道是：

①不花錢辦事；

②花小錢辦大事；

③值得花的錢，必須果斷花。

33／你應該結交的12種朋友

與你互相扶持、互相信任的朋友，即使日常聯繫不多，但也定是在你遇到困難時竭盡所能、挺身而出的人。

交朋友，要麼訴諸情感，要麼訴諸利益，要麼訴諸認知交流。

第一，交比你強的人。朋友是找到的，不是遇到的。能找到什麼樣的朋友，取決於你的認知範圍和活動範圍。一個人思想和行動的邊界越廣，他越可能找到高品質的朋友。那些事業上比你成功、道德上比你高尚、認知上比你領先的人，你都要果斷地納入朋友圈。

第二，交關鍵時刻能夠給予你專業救援的朋友。一個人再酷愛學習，也無法掌握所有領域的知識和技能。在你的專業領域之外，要找到能在關鍵場合幫到你的人。優秀的醫生也好、律師也好，以及教師、保險規劃師、媒體人，都要有意識地結交。人生說難確實難，但嚴峻的挑戰和關鍵的戰鬥就是那麼幾種。有這樣一些朋友，在你遇到各式各樣困難的時候，至少能憑藉他們的專長幫你做出科學正確的判斷和選擇。交這些朋友也許得付出很多成本，但關鍵時刻你能得到的收益也會非常大。

第三，交一些跨領域的朋友。一個人的思維模式很容易固化，即使你在某個領域已經取得了卓越的成績。從生物學的角度來看，生物在長期進化的過程中，其優勢基因更多表現為顯性，而劣勢基因則表現為隱性，透過雜交的方式，能夠結合雙方的有利基因，也就產生了所謂的雜種優勢，且兩者親緣關係越遠，攜帶的差異性優質基因越多，雜種優勢也就越明顯。

同樣的道理，一個人經歷跨學科的訓練越多，他的思維模式越多；一個人結交的跨領域朋友越多，他的認知水準就可能越高。

第四，交一些新興產業的朋友。從Web1.0、2.0，到現在的3.0，科學技術日新月異，尤其是網路技術，在這些年改變了眾多產業的運作方式。越早進場、越多地與新興產業的達人成為朋友，越是深度學習，就越能獲取新鮮的知識技能，進而成長得越快，獲得的機會越多。

第五，要學會經營弱關係。弱關係指的是親密程度一般，但是友善程度顯著高於普通關係的朋友。弱是這個世界上最被誤解的字之一，絕非單純的貶義。比如，一個經歷了無數磨難的老人，可能看起來弱不禁風，但是他承受打擊的能力卻一流。

一個在朋友圈被廣泛傳播的行銷案例，它的引爆點可能來自朋友圈蝴蝶扇起的第一層微弱的波瀾。那些不被你視為朋友的人，與你可能沒有太多交集，沒有過多利益之爭，但當你求助的時候，他可能會耐心地整合自己的資源，拚盡全力地幫助你。在我人生的多個關鍵點，是那些偶然出現又神秘離去的人，透過無意中的一個飯局，無意中的一條資訊，無意中他人介紹的一個資源，幫助和成就了我。

第六，要結交成長性好的年輕人，莫欺少年窮。一代人有一代人的人生際遇，你今天所成就的高度，未必全因個人能力，還可能是時間給你的紅利加持。二十年前的四大入口網站，十年前的美團和今日頭條，現在的元宇宙區塊鏈，都讓成千上萬的人遇到了機會。今天你輕視的人，也許十年之後就會與你在下一個路口相見，甚至後來居上、超越你的成就。

你悉心幫助過的人，大多都會給你回饋。在二十多年的職業生涯裡，我培養過一些年輕員工，他們曾是我的部下，但我非常欣慰地目睹了他們的快速成長，如今很多人已成為獨當一面的商界領袖。多年後的今天，當年的年輕部下依然和我保持聯繫，也會在我這個「老主管」遇到困難時，提供力所能及的幫助。

第七，要結交一些經歷過大風大浪的人。一個人在重大教訓和挫折中學到的東西，常比在日常經驗中學到的要更深刻。一個聰明的人可能走得快，但一個在歷經風浪後從容穩健的人可能會走得遠。那些經歷過無數風浪，尤其是在一個考驗中披荊斬棘、克服過巨大困難的人，如果能成為你朋友圈的一部分，將很可能在你遭遇逆境時助你有效的一臂之力。

第八，要找願意互相扶持的朋友。朋友有很多種，你自認親密的朋友未必真的把你當朋友，而把你當成最好朋友的人，你也許並沒有把他放在心上。朋友是所有關係當中最不牢靠的一種，因為朋友不像家人有血緣的維繫，甚至不像合夥人和同事，有共同的事業目標來綁定起來。因此，如果你能遇到一個願意互相扶持、惺惺相惜的朋友，那就非常珍貴。

互相扶持的朋友不一定是親密無間的，有可能是親而不密，或者說「親密有間」，這些都是朋友交往的正常方式。與你互相扶持、互相信任的朋友，即使日常聯繫不多，但也定是在你遇到困難時竭盡所能、挺身而出的人。正如村上春樹所說：

你要記住大雨中為你撐傘的人；

幫你擋住外來之物的人；

黑暗中默默抱緊你的人；

逗你笑的人，陪你徹夜聊天的人；
坐車來看望你的人，陪你哭過的人；
在醫院陪你的人，總是以你為重的人；
是這些人組成你生命中一點一滴的溫暖，是這些溫暖使你成為善良的人。

第九，要去書中尋找那些你一生都無法相見的朋友。讀一本傳記，你會被一個優秀的人影響和改變；看一本小說，你將被閃閃發光的主角熾熱的情感感動。你與他們從未真正相遇，但是在人生中的每一刻，你都奔赴在尋找他們的路上。一個人即便有再多的朋友，依舊需要獨處。一個人遇到苦難，即使有人相助，最終也還是需要一個人去面對。

此刻，只有那些書中的人物能陪著你一同打無常的怪獸。那些你仰望的書中的角色，哪怕看上去可望而不可及，卻總會在某一刻走進你的生活，點亮你、陪伴你，像一個溫柔的兄長，告訴你他也會遇到這樣、那樣艱難的事情，也會在某一瞬被命運擊倒。但同時，他們也會告訴你該如何面對現實，如何應用所有認知和注意力，去打贏這場九死一生的戰鬥。

看看孔子、王陽明、霍去病、岳飛、曾國藩、笛卡兒，他們是如何拿到了一手壞牌，又是如何絕地反攻，起起落落，創造不朽的成就。要去書中尋找精神摯友，他們不離不棄、給你向前的力量。

第十，要結交有趣味的朋友。酒肉朋友算不算有趣味的朋友？其實也算。人不可無癖，有時候和那些永遠沒有人生交集的人，在一場酒局裡遇見，三杯兩盞淡酒，或者是一次快意的酩酊大醉，都是難得的快意經歷。酒、茶和一個陌生人，有時候會給你帶來巨大的慰藉。

德國詩人里爾克說：

誰此時沒有房子，就不必建造，

此時孤獨，就永遠孤獨，

就醒來，讀書，寫長長的信，

在林蔭路上不停地徘徊，落葉紛飛。

第十一，要交乾乾淨淨的朋友。林語堂先生說：「一個心地乾淨，思路清晰，沒有多餘情緒和妄念的人，是會帶給人安全感的。因為他不傷人，也不自傷。不製造麻煩，也不麻煩別人。某種意義上來說，這是一種持戒。」他們像大海，像山谷，像森林，純粹、清澈、簡單，能夠包容你，給你回應，讓你寧靜。

第十二，要找有界線的朋友。任何一種靠譜的關係，都需要保有界線。我曾見過一些反目成仇的朋友，他們之間常常毫無邊界可言。一方不斷侵入，一方不斷容忍，最後累積不滿，將一段關係徹底撕裂。如果一段關係宣告終結，那就學會祝福。成年人需要學會絕交，也要學會善意對待。當你絕交的時候，不要讓這場關係的收場太難看，也不要將種種朋友間的不堪往事加油添醋地到處傳播。

人生如同一段旅程，有的人會先下車，有的人會後下車，沒有一段能夠持續一生的朋友關係。他們也許只是在你無助、寂寞時來撫慰你的人。但有一天，他們完成了使命，今生或許與你再也不見，那就和他堅定而充滿感恩地說一聲再見，就好了。

34／提高日常生活的有效值

人們一邊在經營有用的生活，一邊又對有用遮遮掩掩，這才是最大的荒謬。

無論是讀書、社交、運動，還是學習、休息，都要以建立和當下的連結為主要目的。人們一邊在經營有用的生活，一邊又對有用遮遮掩掩，這才是最大的荒謬。如果發呆能夠給你帶來片刻的歡愉，而這種歡愉在你當下的精神生活中又至關重要，那它當然也是有用的一部分。

但是有些事物不是這樣的。你酗酒，酒後發瘋，無法顧及你的子女，你的酒友也只是在旁邊嘲笑你的醜態，這樣的酗酒，有何用處？這樣的生活，意義何在？

35／成為自己身體的專家

一個人一生中的最大風險，甚至唯一的風險，有可能就來自你的身體給你的致命一擊。

一個人在成為一位真正的專家之前，必須成為管理自己身體的專家。身體是一生中唯一陪伴你的存在，一個人能不能成為管理身體的專家，很大程度上決定了身體能陪伴他的時間和品質。

查理．蒙格說，一輛破車和一輛精心保養的車，誰能走得更遠已不言而喻。一個人一生中的最大風險，甚至唯一的風險，有可能就來自你的身體給你的致命一擊。

在身體管理方面，我父親和我大哥給全家樹立了非常好的榜樣。去年，八十歲的父親在醫生建議下決定減肥，在五個月的時間裡減掉十二公斤，我大哥則在同樣的時間裡體重下降了二十四公斤，並在之後的兩年內保持了體重的穩定性。他們的血脂、血壓、血糖全部恢復正常。

如今的我也堅持跑步。

沒有人不關心自己的身體，但鮮少有人能夠成為自己身體的專家和有效的管理者：

第一，你必須花足夠的時間去學習身體的基本知識，並不斷更新。關於身體的知識可謂車載斗量，相當龐雜且不斷更新，必須要充分了解致命的身體疾病和相對應的解決方法。

有一些成功的企業家在工作之餘研究疾病，盛大集團的創辦人陳天橋在罹患嚴重的焦慮症後，將後半生的重心轉移到腦部科學的研究上，希望徹底克服心理疾病。

我還見過很多成功的企業家學習哈姆利克急救法與猝死的治療。我此生最重要的朋友之一，美寶集團的創辦人徐榮祥正是死於異物阻塞，我曾經和他形影不離。我曾無數次感慨，當時如果有人會哈姆利克急救法就好了，可惜時光不能倒流。這位好友的不幸經歷，已經促使我要求全家人學會急救法。

第二，你必須保持每年的例行體檢。大部分的體檢，對於致命的疾病發現毫無建設性。合格的體檢包括肺部低劑量電腦斷層，三十五歲後幾年一次的腸胃鏡篩檢、CA-199腫瘤標記檢查等。我有一位好朋友，在我長年的碎碎念中克服恐懼做了腸鏡，發現離腸癌僅有一步之遙。如果晚發現半年不做任何處理，其惡化機率將會顯著提高。

第三，你必須有三個以上的醫生朋友。朋友不是遇到的，而是找到的。在我們一生的清單中，找朋友當然意義非凡，有幾位醫生朋友的意義更為重大。每當我的父母身體出現狀況的時候，我都會即時求助自己的醫生朋友，以便在情況變得不可收拾之前即時解決。

第四，你必須敏感地感覺你身體的變化，並及時、快速地做出處理。發生在身體上的任何風險都絕非小事，慢性炎症有可能會變成癌症，幽門螺旋桿菌可以導致胃癌，酗酒或者重度脂肪肝可以導致肝癌。一個人必須對自己身體的每個部位細細觀察，發現變化，及時尋找解決方法。

第五，你必須根據身體狀況及時調整你的關注力，並在身體遇到麻煩時能夠投入足夠的關注力。當身體出現重大問題的時候，你必須暫時放棄手中事情，將關注力集中在治療和康復上。

第六，你不能諱疾忌醫。

第七，你不能有過多的不良嗜好。例如抽菸酗酒，暴飲暴食，吃太多醃漬的食物等等。

第八，飲食和睡眠非常重要。任何事情都不能影響你的飲食和睡眠，如果有睡眠問題，必須及早處理。情況最差是服用副作用小的安眠藥，即使依賴安眠藥，其危害也遠遠小於失眠帶來的災難。我曾經有一段時間嚴重失眠，為此嘗試了中藥、西藥和冥想等方法，調整了臥室裡的燈光、枕頭等和睡眠有關的設備，還看了大量關於睡覺的書，只要成本不高、傷害不大，我能調整的都會試一下。大約一個多月後我終於擺脫了失眠的困擾，雖然到現在也不明白到底是哪種方法起了作用，但確實發生了正面的變化，這就足夠了。

今天，睡前打坐（而不是睡前滑手機）已經成為我的重要生活習慣，即使泰山壓頂，我也會督促自己一定儘量睡好。

第九，對於那些無所不能的保健品，要有足夠的警惕。

Chapter 4

選擇：人生是一場修行

一念起，天地皆知；欲行之，十方震動。

01／世界上最公平的事就是讀書

讀書無法解決迫在眉睫的問題，但能夠解決你問題的書，一定在之前、現在和之後存在。

有時候你花了很多代價學到的東西，就在書店顯眼的位置上擺著的一本書的扉頁上。

一、**要大量讀書**。我見過的最優秀的人都是書蟲，查理・蒙格說他兒子評論他是「長著腿的圖書館」。一個人經歷再多，也無法累積足夠的經驗和教訓面對社會的荊棘；一個人認識再多人，也不可能連接夠多人的經驗和教訓來成就大事。只有書能夠連接所有人、足夠多人的經驗和教訓。如果你想成為一個優秀的人，一年讀四、五十本書不為過。

二、**要讀各種各樣的書，尤其跨領域的書**。古典的、現代的；暢銷書、長銷書；中國的、西方的；哲學的、商業的；網路小說或者文學名家；本專業的，或者跨學科的，一切都可以為己所用。

讀一類書就像看一面鏡子，只能看到你的一部分。只有周圍都是鏡子，你才有可能看到你的全貌。

三、**要快速讀書**。快速讀書是一種一目十行、百行的能力，是可以訓練的。有一些書，有一些章節，則要反覆讀，要精讀，像張宏傑的《曾國藩傳》、黃仁宇的《萬曆十五年》我就反覆多遍閱讀。很多好書，每次閱讀都有不同的體驗，能夠解決不同的問題，這就是讀經典書的意義。

四、**讀書要有目標**。讀書常常是為了讓自己和整個世界的連結更有效率。如果你不是致力於做一個學問家或知識分子，那就一定要帶著目標去讀書。讀書無法解決迫在眉睫的問題，但能夠解決你問題的書，一定在之前、現在和之後存在。我們奔波在社會中，會遇到各種各樣的煩惱和問題，書不但是避難所，更是有力的武器和手段。

五、**讀書很有可能不是一件有趣的事情**。很多人聲稱讀書有趣，我覺得是一種誤解，很大可能是因為他們一直在讀趣味性或者始終在他們舒適圈內的書。一個人若想開卷有益，就必須讀不在他經驗、不在他審美、不在他認知內的書。可能很難，可能無趣，甚至可能自己有抵觸感。我多年來的閱讀經驗告訴我，如果想要獲得真正的成長，就得像一個致力於減肥的人進行曠日持久的跑步一樣，不可能輕鬆。讀書苦，苦讀書，少年時候固然如此，成年之後，也並無什麼不同。如果你純粹屬於消遣或者打發時間的閱讀，可能不是真正的閱讀。

六、**重申一下，不要拒絕暢銷書**。一個致力於學習的人，在審美上要更具包容性，要擁有對新鮮事物坦誠接納的能力。一個人不拒絕對新鮮事物的接納，哪怕他垂垂老矣，也因為澎湃的好奇心和求知欲而繼續擁有少年感。一個在讀書類別上擁有優越感、挑三揀四的人，相當於放逐了自己。

一個人的精神世界就像是一間房子，或局促，或恢宏。你讀過的書、見過的人、經歷過的事情都是這建築的一部分。讀書是為了將知識變成認知，將文字變成價值觀和方法。書讀多了，自然會有新氣象，一座巍峨宮殿將拔地而起。

02／日行一善

有利他之心，在商業上就會廣結善緣，有如天助。能夠理解無常，則增加規避風險和應變的能力。

日行一善，從善如流，盡善盡美。

一定要日行一善。

我在二〇〇八年入職盛大文學，盛大集團董事長陳天橋給我推薦的第一本書是《了凡四訓》。其核心思想就是日行一善，我命由我不由天。

本書講述的是袁黃十七歲時，被神算子孔先生算定一生只能考中貢士、五十三歲英年早逝、沒有兒子。自此之後，袁黃頹廢度日，三十七歲時，他到棲霞山拜訪雲谷禪師，對坐三日毫無妄念，禪師笑他：「我待你是豪傑，原來只是凡夫。」然後禪師詳細闡釋「命由我作、福自己求」的道理，並出示功過格[註]教以使用方法。

袁黃聽罷，幡然悔悟，改號為「了凡」，意思是從此了卻凡夫之身，開始積極行善積福，後來他不僅活到七十四歲，而且中了進士，還生了兒子袁天啟，兒子後來也中了進士，可謂福祿壽兼得，人生圓滿無憾。

《了凡四訓》就是他留給子孫的家訓，也影響了後世很多人。讀《了凡四訓》後，曾國藩感念書中「今日種種，譬如今日生」之言，為自己改號「滌生」，並且要求曾氏子侄必讀此書；日本陽明學家安岡正篤對這本書是推崇致極，建議天皇及首相視之為「治國寶典」；日本經營之神稻盛和夫自稱從本書中得到了人生頓悟。

一個人做一件善事容易，能堅持每天做則很難，有助於訓練自我。一個人在行善的過程中，能夠看到他人的苦難，會對這個世界有更多感知能力。有利他之心，在商業上就會廣結善緣，有如天助。能夠理解無常，則增加規避風險和應變的能力。

從這個意義上講，有人說《了凡四訓》是一本改變命運的書，我是認同的。

註：功過格是中國古代廣泛流傳的向善書，主要是透過記錄自己的善惡行為量化功過，藉以自我反省。

03／保持謙卑

一個輕薄對待他人的人，往往也會輕薄對待萬事萬物，禍雖未至，福已遠離。

一個人善於韜光養晦，深藏不露，不暴露自己的目標，不輕易亮出自己的底牌，不讓自己的鋒芒在別人的眼前晃動，是一種智慧。

在二十多年的職場生涯中，我見過形形色色的人。那些越是了不起的人物，越是有種閱盡千帆後的通達與謙卑；而那些趾高氣揚，臉上寫著「來求我」的人，在短短時間內已經消耗掉了他所有累積的運氣。

一個輕薄對待他人的人，往往也會輕薄對待萬事萬物，禍雖未至，福已遠離。

04／學會感謝信任你的人

有些人辜負信任，僅僅是因為他不想回饋給你而已。不是不能，而是不願意、不屑於。

要永遠感謝那些信任你並慷慨解囊的人。

因為信任的成本最高，普遍而言，信任無法獲得正向的回報，這就是大多數人都無法對他人交付信任的原因。

但一個人擁有信任他人的能力，並知道信任應該託付給誰，這在所有成就大事法則中是最驚豔的一條。一個擁有信任他人能力的人，和一個值得信任的人，必然會發生化學反應，以下重申一下關於信任的幾項基本原則：

①絕大多數人都不值得信任。

②在託付信任之前，必須對對方進行詳盡地考察。

③信任需要一點一點地建立。

④只有那些信譽足夠、信用也夠的人，才能回報信任。

⑤永遠不要將信任孤注一擲給某一個人。

⑥有些人辜負信任，僅僅是因為他不想回饋給你而已。不是不能，而是不願意、不屑於。所以不要做一個軟弱的老好人，要去做一個強者，也不要隨意地去發送廉價的信任。

05／練習打坐與自己和解

誠心誠意地接納正在發生的一切，視它們為理所當然；面對困境，堅信自己可以勝利到達目的地

打坐，是一個人面對整個世界。

這些年，在大幅減少了社交活動後，我重塑了自己更寧靜的生活方式，並且每天臨睡前打坐半小時。

我的打坐分成三個部分：第一，感恩；第二，反省；第三，發願。

在漫長的一生中，我們遇到了無數的人。大部分人已經煙消雲散，即使和我們連結很深的人，有些人也已早早地下車。當我閉上雙眼，往事浮沉，很多鮮活的、破碎的臉就會重回我的腦海。沿著時間的隧道，他們和我一一致意，我想起了越來越多的往事，越來越多的人，他們都曾有意或者無意地幫助了我。

在打坐最初的時刻裡，我為此哽咽，淚流滿面，即使打坐持續了幾個月，這種感覺也揮之不去。當我真正地去感恩和體會的時候，我發現，命運給了我巨大的饋贈。

在反省的部分，我走入我一生中的至暗時刻。我發現了孤獨、脆弱、敏感、無助的我，我發現所有讓我陷入茫茫黑夜的時刻，都是因為我的認知不夠、我的選擇輕率造成的。我反感、怨恨過的人，我奇蹟般發現，他們都曾經在一些時間裡誠心誠意的治癒過、陪伴過我，也曾經給我帶來過巨大的機會。我迅速地原諒了他們。是的，當我回味這些我曾經恨之入骨的人的時候，我驚奇地發現他們都是我一生中重要的里程碑，都曾經全力以赴地援助過我，他們只是選擇了一個契機和我道別了而已。

在發願的部分，我嘗試將自己的願望與更多人的願望連結起來。我深信念念不忘，終有所成。我堅定地認為，一個人只有真正想到達某個地方，他才可能到達。

在打坐了六個月後，我的焦慮感、恐懼感大幅度降低，雖然還遠遠未到「不以物喜，不以己悲」的境界，但情緒已經相當可控，大部分時間都很寧靜。哪怕事情一團糟，我也再無心力交瘁的感受。我誠心誠意地接納正在發生的一切，視它們為理所當然，並能夠全力以赴，面對困境，堅信自己可以勝利到達目的地。

06／幸福擁有3個能力

花有花的綻放時刻，只要往前走，慢一點就慢一點吧，也是成功。

第一，**內心寧靜的能力**。要嚴格區分苦和難，要讓情緒的波動在正常範圍內，要努力處事不驚，尤其不要過度煩惱。短短的一生，過去的已經過去了，未來的還沒有來到，不要和自己過不去，力爭每分鐘都悠然自得。

第二，**關係和諧的能力**。和家人、朋友、合作夥伴等莫不如此，要親密有間，幫助過你的永遠心懷感恩，傷害過你的，或許有他不得已的苦衷，沒有利害衝突的，無須操心。接近能照耀你的人，影響可以影響的人。錯過的就錯過了，下車的就下車了，向新上車者友善地致意。停止你內在的戰爭，停止攻擊他人，也要建立被他人討厭的勇氣，一切關係都可以打造成「如沐春風」的關係。

第三，**進化的能力**。起點低沒有關係，認知差沒有關係，在低谷中沒有關係，始終能放開心胸，始終有好奇心，始終懷抱將一件事情做到極致，始終對新鮮事物有好奇心。一天比一天好一點點，哪怕處境暫時糟糕，又有什麼關係呢？花有花的綻放時刻，只要往前走，慢一點就慢一點吧，也是成功。

07／不要怠慢萬事萬物

大多數人對萬事萬物，哪怕是遇到至關重要、生死攸關的問題，也不求甚解。

大多數人，不明事、不明人、不明己。

他們對萬事萬物，哪怕是遇到至關重要、生死攸關的問題，也不求甚解，拒絕付出更多時間去學習，他們花在抱怨和沉浸在憤怒中的時間可能更多一些。

與人交往也如是，從不願意精準地了解別人言行背後的動機。

即使對自己，也沒有足夠的耐心，不明白自己氾濫情緒背後的欲望到底是什麼。

08／人本質上是能量

一個人擁有強烈的、持續的、廣大的願力，能量就會乘願而來。

①人本質上是能量，人際關係是能量的流動。

②道是能量，機會是能量，財富是能量，疾病也是能量。

③所謂能量，就是有高低差，可以遵循普遍規律流動的力量。

④寧靜是能量，感恩是能量，憤怒是能量，沮喪是能量，後悔也是能量。一個情緒糟糕的人，可以在幾分鐘內使一屋子談笑風生的人不自在。情緒當然是能量。

⑤疾病是能量，自己也是能量。如何解決疾病？那需要你的能量等級要高於疾病本身的能量。

⑥怎麼提升能量？謙卑可以獲得很大的能量。一個人把自我變得越小，力量越大。豐收的沉甸甸的麥穗、起跑壓得很低的運動員、一個讓所有人如沐春風的人，顯然都充滿力量。包容可以獲得更多的能量，一個人經歷的越多，看不慣的越少。一個

人越放開心胸，越能獲得能量。得道的人，不是自己擁有超能力，而是道為己所用。

學習可以獲得更多能量，一個人必須走出自己的圈子，到更高的位置俯瞰，會獲得更多的勢能。行善者天助之，在互害蔚然成風的時代，在把自己的風險轉移給其他人，讓別人付出代價盛行的時代，行善可以獲得更多能量。心甘情願地行善更難得，也更閃耀。平靜也可以獲得更多能量，平靜可以訓練，可以透過深度呼吸訓練，可以透過打坐訓練，可以透過專注在一件有高度興趣的事情上去訓練。

⑦能量自由自在流動。能量是神靈，是祝福，是迴響。一個人擁有強烈的、持續的、廣大的願力，能量就會乘願而來。

09／人生覺醒 如西天取經

一個覺醒的人總是在想辦法，也總能想出辦法。

人有兩次生命，一次是出生，一次是覺醒。

一個真正覺醒的人，擁有自己的動力系統，能分清楚自己的目標，能夠知道人生的輕重緩急，能夠想辦法突破自己的局限，能迅速地接受現狀，能將注意力迅速地集中在要解決的難題上而非消耗自己。一個覺醒的人總是在想辦法，也總能想出辦法。

玄奘取經本是獨自一人，為何到了《西遊記》中卻變成了唐僧帶著孫悟空、沙僧、豬八戒、白龍馬的「取經團」呢？

在佛教的觀念中，這代表著當唐僧取經的時候，實際上是他帶著他身上的貪嗔癡習性上路的，他要在如來佛設置的八十一難中打掉自己的習性，成為一個覺醒的人。

在現實生活中，我們也同樣應該追求覺醒。一個覺醒的人有以下特點：

第一，**學會斷捨離**。堅信最重要的事情只有一、兩件，始終能夠圍繞目標行動。

第二，學會寧靜。情緒只是達成目標的手段，要能和情緒和諧相處。任何時候，情緒都在輕度沮喪和輕度喜悅當中，不以物喜，不以己悲。

第三，學會學習。承認任何知識都有局限，人必須不停地提升自己的認知。

第四，學會真正謙卑謹慎做人處事。對人、對事都應誠心誠意，絕不輕慢對待。逐漸通曉人性、理解並順應萬事萬物規律。

第五，堅信美好的事情終將發生。在細節處的嚴謹和對未來、對目標的信念堅如磐石，並行不悖。

10／接受大家對你的冷漠

換成是你，當看到一位落魄的朋友時，也許能做的也非常有限，和那些無法雪中送炭的人沒什麼不同。

冷漠是常態，熱情是偶然，平淡是日常。

當你一事無成的時候，你要學會接受旁人，甚至朋友的冷漠。人性是趨利避害的，因此雪中送炭者少有，錦上添花和落井下石是常態。如果你所在的朋友圈多是和你認知在同一個層次上的人，這種感受會更深。

一個成年人，要學會面對現實、將心比心。因為如果換成是你，當看到一位落魄的朋友時，也許能做的也非常有限，和那些無法雪中送炭的人沒什麼不同。你唯一能做的就是拚盡全力，逃脫當下的困境，順便也逃離你的圈子。

畢竟，在另外一些圈子，一些人有意願、有能力，至少有熱情去擁抱你、關懷你，幫助你。

11／不要永遠深陷於一場大雪

即使在呼嘯而過如雲霄飛車一般的人生體驗中，你也要學會體驗尖叫的與眾不同。

人生是由一個總體的「悲劇」和無數個「小確幸」組成的。理解了這一點，你就會珍惜你的每段歷程。

一個人可以在某個時刻深陷一場大雪，但不應該在每個時刻都陷入一場大雪。

即使在一場曠日持久的大雪中，也永遠不要忘記欣賞觸手可及的風景。即使在呼嘯而過如雲霄飛車一般的人生體驗中，你也要學會體驗尖叫的與眾不同。

12／真誠和善良是困境中的資源

真誠和善良在艱難的時候是非常重要的，因為我們常常兩手空空。

成長的好處是你會覺得每天總是有收穫，會告別很多人，會想通好多事。但在成長的獨木橋上，會有很多意外、恐懼、艱難的時刻，大的境遇，小的境遇，莫不如此。要盡可能地減少在這些時刻的內耗，它們於事無補，還令事情增加諸多不確定性。你唯一能做的就是不停地感恩，不停地努力，不停地學習，不停地求助，不停地專注。

真誠和善良在艱難的時候是非常重要的，因為我們常常兩手空空。不要害人，害人的反噬力很大。很多時候你意識不到你在幹壞事，所以更需要警惕。不要相信那些權謀的東西，因為在更聰明人的眼裡，你的那套都很可笑。而你，就應該在更聰明的人群中融入。

如果是一團麻，找到癥結，重新梳理。

如果目標始終沒有變，那就一直盯著它，直到走到目的地。

13／所有付出 將以另外一種形式回來

自己的困境，有時候要透過給其他人創造機會來解決。

人，是他擁有的和失去的總和。

①不擋別人財路；不把人逼到絕境。

②能助人一臂之力就助人一臂之力。

③堅信每次付出的善意這次收不回來，下次也可以收回來。在此處收不回來，在彼處也能收回來。所有付出的，都將以另外一種形式，或更高形式收回來。

④自己的困境，有時候要透過給其他人創造機會來解決。

⑤永遠不和人撕破臉。

⑥對於辜負自己的，一笑而過即可。

⑦任何困難，都可以建設性地解決。

⑧重申一下，動一些人的利益、動一些人的觀念，他們會和你拚命。

⑨永遠不參與到互鬥中去，你要率先終止可能發生的互鬥。

14／和諧相處的秘密

不要總是看不慣他人，看不慣他人有可能是你的包容力不夠。

①對他人不要有過高的期待。
②不要遷怒於他人。
③不要總是看不慣他人，看不慣他人有可能是你的包容力不夠。
④不和爛人、爛事糾纏，及時停損。
⑤和任何人的溝通管道都要儘量短。
⑥接受親人的無法改變。

15／永遠不要立「人設」

「人設」越成功，崩盤後的災難影響越深遠。

「人設」，是「自造偶像」，作繭自縛。

①不要煞費苦心地打造你的「人設」，「人設」越成功，崩盤後的災難影響越深遠。

②一個人擁有了名聲和權力之後，他必須做好為之前做的所有事情買單的準備。

③低調在任何時候都是一個不錯的選擇。

④要寬容他人，要知道你吃的每個瓜都可能是未來頭頂的雷。同時要嚴以律己，危險無處不在，由於我們的輕率、道德缺陷，我們很容易踩雷。笛卡兒曾說，人應該遵守所在社會的道德法律，在經歷漫長的歲月後，我們將意識到，這條底線永遠不應該逾越。

⑤是非最終以不辯為解脫。當你身處一個醜聞中心的時候，你可以選擇真誠地道歉、簡短地道歉、不再辯解，此後也不應該再回應，哪怕是由醜聞掀起的風暴超過了你犯的錯誤，超過了你應該和你能夠承認的程度。

⑥如果「人設」崩塌了，你要心甘情願地接受這些代價。

⑦最重要的是，永遠不要抱有僥倖心埋。你要從你的每個教訓和他人的教訓中學習，以儘量確保這樣的教訓不再重新上演。

16／面對多數譭謗 無須辯解

即使是捕風捉影的誹謗，也不會無緣無故發生。你要從中反思你行為中的缺陷，並堅決糾正。

①大部分情況下無須辯解，因為對於負面的東西我們總會過度關注，會導致判斷失真，導致你接下來的行為失序。

②一部分情況只需要和真正關心的你的人說明即可，永遠記住一個原則，真正關心你的人是極少數。

③極少數的情況你要訴諸法律，確保類似的事情不要再次發生。

④永遠不要拿別人的錯誤來懲罰自己，永遠不要為沒有發生過的事情焦慮和憂心忡忡。

⑤即使是捕風捉影的誹謗，也不會無緣無故發生。你要從中反思你行為中的缺陷，並堅決糾正。

17／如何在情感危機中保持平靜？

人在情感充沛的時候，需要有理性來平衡；人在過於理性的時候，要重拾一些純粹的感性。

坦白無法解決的問題，往往沉默可以解決。

①每個人的一生中都會遇到情感的驚濤駭浪，無論是親情、友情，還是愛情。

②絕大部分時候都只能自己應對，且只有自己可以應對。

③你需要有個心理諮商師朋友，或者至少你應該掌握一些心理學的知識。

④無論是誰，都只是你旅途中的過客，不過有些人陪伴的時間長，有些人陪伴的時間短罷了。

⑤絕大部分人最終都會安然度過一場情感危機。

⑥沒有一次情感危機是用理性克服不了的。人在情感充沛的時候，需要有理性來平衡；人在過於理性的時候，要重拾一些純粹的感性。一個優秀的人，感性和理性都應該是自己囊中的武器，可以隨時拿出來搭配著使用。稻盛和夫說，**感性的煩惱在理**

性上想通，就不應該再過於糾結。

⑦相信時間。

18／如何面對多重危機的困境？

面對困難，不妨預估它更難；對自己，不妨低估打贏一場硬仗的能力。

做孤勇者，沒人可信的時候，信賴自己。

①福無雙至，禍不單行。

②人要做好時刻為自己認知買單的準備，經濟危機、健康危機、人際關係和情感危機大多與認知有關。

③任何時候，都應該有能同時打贏兩場艱難戰鬥的準備。對困難，不妨預估它更難；對自己，不妨低估打贏一場硬仗的能力。

④要把注意力集中在最難的那場戰鬥上。危機再多，也要分清輕重緩急，一個個解決。

⑤要學會求助。

⑥要做好失去的準備。

龐蘊有一首偈言：「世人多重金，我愛刹那靜。真金亂人心，靜見真如性。」金錢如是，其他也如是。

19／創業是一次奇妙的旅行

很多時候支撐創業者的，可能就是一句雞湯，以及莫名其妙的勇氣。

我猜想很多創業者在某個時刻可能會後悔自己選擇了創業這條路，哪怕是那些宣稱自己從不後悔的人。

創業不是九死一生，是九百九十九死一生。

創業的當下既要面對市場的不確定性，還要面對政策的不確定性。每個能活下去的創業者都要學會憑藉一隻象腿勾勒出一隻大象，風險在哪裡？機會在哪裡？中國的創業者至少需要學會勾勒兩隻大象：一隻是市場的大象，一隻是政策的大象。

創業者常常是孤立無援的，即使是像華為創辦人任正非這樣的成功人士，都會在漫長的時間裡壓力纏身。孤立無援的壞處是會給你造成很大的壓力，很多人過不了壓力這一關。但是如果能夠學會減少內部摩擦，真正從認知上意識到內部摩擦不但於事無補，還有可能壞事，那你就實現了一次有意義的覺醒。

穿越了風雨的那個人，不再是曾經的那個人。

創業者常常只有一種生活狀態，那就是活下去。

創業者都是英雄。因為無論他的肩膀能否承受重壓，他都要拚盡全力，背負需要自己背負的東西。

不知道有多少創業者在深夜驚醒過，半夜在床頭坐起、夜不能寐。

創業者的狀態都是混沌的，大部分時候他們要與不確定性、恐懼為伍，有時候也有驚喜。

我覺得一個對「道」一知半解的人，常常會是創業者，因為錢和道很像。

如果一個創業者在不能理解錢之前死去，他就會真的死去。**身為一個創業者，必須耳聰目明，能聽到錢響的地方**。

很多時候支撐創業者的，可能就是一句雞湯，以及莫名其妙的勇氣。但當你穿越第一個山洞以後，你就知道，有些形而上、說不明白的東西，其實一直在支撐著你。

創業要穿越很多個山洞，每個山洞都會有不同的風景，在穿越山洞的過程中你會體驗到常人一生無法體驗的風景。

整體而言，創業是一次奇妙的旅行。

20／面對創業焦慮的6種心態

永遠提醒自己：在抱怨開始的第一刻就努力停下來，因為不停的抱怨不具任何建設性。

作為一個創業者，幾乎每天都處於壓力之中。焦慮、憤怒、沮喪，甚至悲傷，都曾是很長一段時間的主旋律。在創業六年後，我積攢了一些心態調整的經驗，可以說，處理負面情緒就如同走平衡木，找到一個正確的支撐點至關重要，這樣做能確保自己在與壓力等因素對抗的過程中，不因失衡而倒下。

第一，**心態一定要開闊，而非局促**。人生百年，過去的已經過去，困擾你的遲早也將變成過眼雲煙。那些曾經困擾和折磨你的，在事過境遷的多年後回首，都可能變得不值一提。人生的樂事美景那麼多，千萬不要深陷於某段糟心的經歷中無法自拔。

第二，**感恩，而非抱怨**。當一個人開始真正學會感恩的時候，萬事萬物都可能助他一臂之力。那些面目可憎的人，也許曾在某一刻救助過你；一件讓你煩心的事，可能蘊含著令你頓悟和成長的秘密。永遠提醒自己：在抱怨開始的第一刻就努力停下來，因為不停的抱怨不具任何建設性。一個喋喋不休抱怨的人，除短暫發洩不滿情緒外，根本無法從抱怨中得到什麼好處，反而讓自己越發消沉憤懣、陷入極度負能量的循環中。

第三，接受，而非拒絕。接納所有已經發生的事情，無論好與壞。因為它已經發生了，覆水難收。拒絕直接面對境遇，會讓自己長久地陷入怨悔、不甘與憤怒中。當一件不好的事發生後，注意力應該聚焦在如何解決問題上。唯一能助你走出泥沼的辦法，就是不要浪費時間在恐懼、憤怒和後悔上。不要責問一件事為什麼發生、為何命運對自己如此不公，而是要儘快掩埋負面情緒，理性冷靜地找尋解決方案。

第四，小幅震盪，而非大起大落。萬事都要張弛有度、不能走向極端。如果情緒的張力過大，超出了可承受的範圍，則不但傷害自己，還會傷及關心你的親友，這有什麼意義呢？聰明的人適可而止，因為他深知：以傷害自己和身邊人的心情與健康作為代價，是得不償失的。

第五，眼睛要向上，心態要向下。人往高處走，努力獲取世俗意義上的成功，這是光明正大、無可厚非的。當競爭對手取得成功時，不要羨慕妒忌恨，不要居高臨下地對其獲得的成就評頭論足、陰陽怪氣。你所處的賽道總是被無數比你強的人拓寬的，你的眼界也常由比自己強得多的人影響。

對於那些比你成功的人要心存寬厚、敬佩和感激。同時你也要知道，很多起點和資源遠不如你的人仍在砥礪前行，他們的艱辛遠甚於你；你所成就的，或許是當下他們無法企及和想像的。如果心懷謙遜、感恩和知足之心，你還有什麼不滿足的呢？

第六，慷慨，而非計算。不要計較小事，勞心勞力，得不償失，要計算就計算大事，一個人不能緊緊握住一把沙子。你想要建造多大的宇宙，就該擁有多大的格局和心境。如果能慷慨待人、樂於施予，那麼總有一天，你將得到遠超想像的慷慨回饋。

21／一刻都別耽誤 儘快打贏戰鬥

一刻也不要耽誤，去第一線，去真正打贏一場別人看來毫無懸念要贏的戰鬥。

達爾文說過，具備持續生存能力的物種，不是最強壯的，也不是最具智力的，而是那些對變化作出快速反應的。

機會稍縱即逝，風險從開始到蔓延只有一念之間，所以必須快、極快、更快。如果你不去打一場戰鬥，你就不會理解快的意義。

市場瞬息萬變，機會和趨勢稍縱即逝。一個市場和另外一個市場，一個行業和另外一個行業，產業裡一個與你毫不相干的企業，都與你建立了微妙的連結。

在一個重塑底層邏輯的市場，變化幾乎每天都在發生。今天蓬勃向上的企業，可能明天現金流就斷了；昨天還與你談笑風生的人，可能一聲不吭就留在了昨天；如果你不能一天十二道金牌調動公司內外的資源，達成一項交易的完成，到了明天就可能物是人非、人去樓空。

二〇一〇年的時候，我當時就職的盛大文學啟動IPO，我奉命前往新加坡、歐洲、美國巡迴演說，按原計劃一個月後將在那斯達克上市。

當時沒有人懷疑這場交易會發生變故。

盛大文學那時如日中天，我們在五年的時間裡，營收增長超過了二〇倍，我們獲得了超額認購。

在新加坡完成演說後，按照計劃，我將要啟程前往歐洲。當時中概股在美國深受歡迎，在上一家公司IPO募集了大量的資金後，陳大橋憂心忡忡地說，他懷疑市場要出問題。此時，與那斯達克關閉中國市場僅有兩週之遙，但當時市場正在歡騰。

他不幸言中。

我們鎩羽而歸。

這次經歷重塑了盛大文學公司，影響了很多人的命運，也包括我。

但盛大文學對我最大的塑造是，市場永遠不會有一次完美的交易。每次交易，都是在不斷的變化中發生的。從那個時候開始，我養成了在細節上悲觀的性格，也養成了我們新的工作方法，那就是一刻也不要耽誤，去第一線，去真正打贏一場別人看來毫無懸念要贏的戰鬥。

結局不會撒謊。

那些在每一個時刻感受到無常的工作高手，對一場普通人認為沒有懸念要贏的戰鬥有真正的切膚之痛。

當我寫到這裡，無限的心事湧上心頭。我們經歷的每件事情，都成為我們生命中的一部分，有一部分要永久地逝去，有一部分會永遠地留在記憶裡。

人生始終是一個道場。

22／走出原生家庭陰影 擁抱自己

只有少部分人，能夠突破原生家庭，擁抱自己，或者帶著整個家庭逃離了曾經的陰霾。

不要將一切都怪罪於原生家庭。

以前無法理解原生家庭之惡，等進入社會後，才發現到處都是覺得父母欠自己一個道歉的孩子，和覺得孩子欠父母一個感謝的家長。

很多人一生都陷在原生家庭的苦難中無法自拔——在孩子年幼時不負責，無法承擔起一個家庭的責任；孩子成人後又不斷索取，動輒道德綁架，竟是很多家庭的常態。

以前無法理解不孝順父母的孩子，後來無法理解對孩子不負責任的父母。

原生家庭之惡，還在於當孩子長大成人想要逃離原生家庭的時候，原生家庭裡的人都牢牢地拽著他，就好像這個人無法連根拔起自己的頭髮、離開地球一樣。

只有少部分人，獲得了更多的愛，扭轉了自己的思維模式，培養了更豐富而全面的認知，能夠突破原生家庭，擁抱自己，或者帶著整個家庭逃離了曾經的陰霾。

23／接受生命中的不完美

對於無法改變的，或妥協，或和諧相處；對於可以改變的局部狀況，則拚盡全力去改變。

從不完美中看見美。

人的成長，其實就是陸續接納五個不完美的過程。這有以下兩層含義：

①你要陸續地接受父母的不完美、自己的不完美、孩子的不完美、他人的不完美和環境的不完美。對於大多數人而言，這是一個痛苦的過程。

②你要從最開始的絕不接受，到忍受，到接受，甚至到享受，這也是非常艱難的一個調整。

對於無法改變的，或妥協，或和諧相處；對於可以改變的局部狀況，則拚盡全力去改變。

24／正確的信仰

信仰自己，是因為每個人都有光明、傑出的種子，但從未持續、強烈、耐心地培育。

正確的信仰，需要堅定的支撐。如果沒有堅定支撐，信仰無法被稱為信仰。

①敬天愛人，讓你知道，上有無窮盡的可能性，下有底線不能冒犯。

②信仰讀書，是因為讀書，尤其大量讀書是唯一確定有正向回報的事情。

③信仰因果，是因為每當不如意的時候，你不應該去抱怨果，而是應該想辦法自己改變因。人能分清楚因果，就意味著真正的覺醒開始了。

④信仰自己，是因為每個人都有光明、傑出的種子，但從未持續、強烈、耐心地培育。當你穿越風雨的時候，你會發現只有自己和自己站在一起。

⑤信仰那些比你優秀的人，是因為有很多人已經走到你的前面，他們吃過的苦，踩過的坑，探索到的真相遠遠超過你。

25／命運的選擇在於自己

他希望成為神，他就可能接近神；他放棄成為神的可能，他可能就真的變成一隻猴子。

每個人身上都有「神」，代表理智、良知和光明。
每個人身上也都有一隻「猴子」，代表頑劣、失控和黑暗。
他希望成為神，他就可能接近神；他放棄成為神的可能，他可能就真的變成一隻猴子。

26／每個當下就是天堂

一切的發生自有其因果的安排、照著它們本來應有的樣子發生，好壞只是頭腦暫時賦予的概念罷了。

天堂就在一念之間。

過去我以為天堂是個空間概念。後來我發現，如果在每個當下，無論發生了什麼，我們依然能被寧靜和喜悅環繞，那麼我們就是在天堂之中。從這個意義上來講，天堂是個時間概念。

智者認為，任何障礙、失敗、損失、疾病或任何形式的痛苦，經過時間的洗禮和沉澱，都會轉變成我們最偉大的老師，為我們指明方向，帶給我們更深層的思考，讓我們返璞歸真，更有同理心。

所以，從更高的層次來看，所有事情的發生都是好的，或者本來就沒有好壞之分，一切的發生自有其因果的安排、照著它們本來應有的樣子發生，好壞只是頭腦暫時賦予的概念罷了。

27／花有花的綻放時刻

少年時候因醉酒鞭名馬，晚年潦倒新停濁酒杯，這不是失敗者的一生，這也是成功人生的一種。

人生就像一條河流，有時候奔騰不息，有時候則是涓涓細流，有時候經歷亂石險灘，這都再正常不過。

過去說少年得志，老年失意是人生悲劇。現在才覺得其實一個人有過波瀾壯闊，不走尋常路的一段路，其一生中的均值大於多數人，就已經是成功的一生。

至於怎麼開頭，又怎麼結尾，都無關緊要了。

花有花的綻放時刻，萬物都有自己的時辰，少年時候因醉酒鞭名馬，晚年潦倒新停濁酒杯，這不是失敗者的一生，這也是成功人生的一種。

尾聲／一些常識

真正的巨變不需要電閃雷鳴，不需要一場周密的策劃，不需要一個黃道吉日，不需要所有人屏氣凝神靜待高潮誕生的一個儀式。你無意間的一個選擇，相當普通的一天，蝴蝶舞動的翅膀，一場颶風就應運而生。

有人問我為什麼不喜歡裁員？因為我覺得情感也是成本，我不希望情感成本成為沉沒成本。

作為一個創業者，在開始時已經豁出去了，在堅持時，還可以更豁得出去。當一個人知道他想要什麼的時候，他就知道自己該為此付出什麼。

讓一件事情朝著有利於你的方向發展，一〇%靠自己，九〇%靠環境。

你很難直接改變環境，你只能先改變自己。

然後把自己當作支撐點，去想辦法撬動環境。

人都有能力改變自己。

但絕大多數人沒有意願、沒有信心、沒有決心改變自己。他們只能抱怨「不公平」、「太委屈」、「這就是命」。

要聚焦在一個能廣泛應用的事物上，做深做透。注意力、認知、時間都要聚焦。不要對一切事物都發表感言，一個人敢對萬事萬物都發表感言，那些「聲音」都不算什麼真知灼見。

這個世界的贏家有幾種：第一種是說話頭頭是道的人，他傳達的內容、模式，和大多數人能夠建立連結，擁有超強的共鳴能力；第二種是腦子比嘴巴快的人，他不善於表達，但始終在思考，他寫出來的可能比說出來的更動人，更有魅力；第三種是行動快的人，他們不一定很聰明，也不一定總是會表達，但他們能選對追隨的人，跟著走就可以達到常人無法到達的地方。

人永遠生生不息。

與大家理解不一樣的是，資訊也是頭腦的產物。人們按照自己喜歡的、可以到達的、深信不疑的願景尋找資訊，不在經驗範圍的資訊早就被過濾掉了。這就是我們為什麼總是在同一口井裡的緣故。

道德感和道德不是一回事，獲得感和獲得也不是一回事。給你甜食的，不一定是為你好。

順境是認知的產物，這是因為，第一，認知高的人能做出讓事情向更有利的方向發生的選擇；第二，有能力接納逆境也是順境的一種，要想有能力接受逆境，需要很高的認知。這絕非阿Q精神勝利法，也絕非尋求自我安慰。能做到這點的，對自我、對客觀發生的事情都有非常通透的理解，本質上也是讓自己朝著更有利方向運作的一部分。

看過一個說法，什麼樣的特定人格才會讓一個人比較幸運呢？

①良好的心態，可以用平常心看待一切，包容一切。

②良好的直覺，所做的一切事情聽從自己的直覺。

③最重要的一點，擁有這個特性人格的人，懂得自我安慰、自我滿足，在面對困境時，能夠讓自己擺脫悲傷的情緒，對未來也充滿了正向期待。

完全贊同。

雞蛋永遠不要放在一個籃子裡，也不要放在太多的籃子裡。

人生本質上是自我與牆壁、鏡子共同作用的結果。遇到牆，你是打破它，還是翻過去，還是向它屈服？都關係到你能不能通關走到下一個路口。你是怎麼認識自己的，又是怎麼重新建立自己的，取決於你選擇什麼樣的鏡子，以及在鏡子中看到怎麼樣的自己。無數面鏡子，一個鏡子的碎片構成你的一生。是美是醜，是一部分還是全部、是真實的還是變形的，是有可能性還是被禁錮的，鏡子會一一告訴你答案。每個人的人生都是自己選擇的結果，是自己如何做出決策的結果。

非常不喜歡「可遇而不可求」這句話。這個世界上最珍貴的，都是你可以找到的，是你能夠找得到的。人們總是不相信這句話，或者總是忘記它。

正是那些艱難的時刻，會將你的一生變得更加遼闊。

善是天性，良是後天訓練的結果。

難——是客觀、不可控的部分，苦——是心態，每個人的情緒，本來就掌控在自己手中。

失敗如果不是成功的一部分，失敗就是沉沒成本（Sunk Cost）。

知識是學來的，文化是思考的結果。有知識、沒有文化的人多的是，沒有知識、有文化的人也不少。有文化是對一個人的較高評價，它意味著能分辨是非，懂得利害，可以正確理解成敗。

聰明和智慧也不一樣。聰明是智商的展現，而智慧是智商、情商、靈商、挫商

（受挫力）和開放商的集合體。聰明的人太多，而智慧的人，是珍稀物種。智慧的人能夠韜光養晦、臥薪嚐膽，而聰明的人只想嘴巴上贏別人。智慧的人為了目標知道自己該放棄什麼；聰明的人，沉落海底的時候也不忘記帶上他的百寶箱。智慧的人有自知之明；聰明的人，卻不自知。聰明人帶給這個世界上的災難，遠遠大於他給予這個世界的。

善於拒絕的人，更容易獲得尊重。

①一個人只應該善待值得善待的人。

②一個人只應給值得善待的人，有分寸的幫助。

③一個人只能在力所能及的情況下，對需要幫助的人施以援手。

④一個善於拒絕的人能獲得尊重，一個不善於拒絕的人，身邊常虎狼環伺。

不要害怕失敗，要害怕你從未真正開始過。

所有向上的人都會相遇，所有沉淪的人也會。

不要當父母需要你時，除了淚水，一無所有。

不要當孩子需要你時，除了慚愧，一無所有。

不要當自己回首過去，除了蹉跎，一無所有。

人生的五種旅程：

①從高峰到谷底又到高峰的衝浪之旅。

②不斷獲取，又不斷放下，最終擁有最珍貴的感悟的旅程。

③不斷確立、否定和優化自己認知的成長之旅。

④不斷見賢思齊，與那些擁有浩瀚生命感的人建立連結的旅程。

⑤對外不斷理解客觀事物規律，對內不斷自省、善用自我的旅程。

完成比完美重要，堅持比堅信重要。

常識，是大多數人不具備的見識，是人們怯懦時少數人發出的勇敢的聲音，是人們被「從來就如此」的僵固認知擋住視線的時候，少數人說出的真相。

當時是晚上，我們在遙遠的山谷。星光跋涉無數光年，來到我們面前。你說星辰已經死去，光芒是無數年前的鏡像。他們死去的瞬間，耀眼的光芒劃亮夜空。當時是二〇〇五年的冬天，W和我在寒冷的冬夜行走，積雪照亮寒夜。偶爾聽到空谷裡野狗的聲音。你說看到了嗎？那半山火紅的燈光，好像一根火柴，照亮你的面容。

後記／付出足夠的努力就是你的榮耀時刻

睡得很晚，照例早醒。做了一夜的夢，還是與工作有關。習慣面無表情，昨天卻歡樂開懷，與孩子們玩，看他們聚精會神地看電視，我看著他們。

家中人聲鼎沸，已經有很多年不習慣家中人多。幼時的我，曾希望賓朋如雲。想要洋洋灑灑，再給公司的所有人一碗雞湯，走到群裡，只剩下感謝兩字。有的人當時回應了，有的人過了一個晚上才領紅包。想起急急忙忙的這半生，初入職場，就被教導所有長官發的內容，五分鐘必有回應。

一剎那間，過去幾十年的畫面重現，去年尤其溫暖。那些溫暖的時刻，在黑暗中升騰，令我心潮起伏。

這一年，我開始相信願力。深信真誠的祈禱可以感天動地。如果人真的是一行程式，寫它的超能力，就應該有能力與他創造的世界共情。

這一年，我理解了週期。週期不一定都是坦途，有巨大的因果之輪，有時候在水面之下，冰川之上。當你穿越週期，你就變成了不一樣的人。

這一年，我更相信人應該有非常廣闊和開放的思維模式，生生不息。人的自我越小，他獲得的世界就越大。我已經深信自以為非是能力製造機，沒有一年比這一年更堅信這些。

這一年，我更知道世界每一個角落和十萬八千里外的雲和月關聯。你不應該輕易地將一個匕首紮到另一個無關的人身上。你今天津津有味看的好戲，是你明天頭頂上爆的雷。一個寬厚的人，更能理解世界的複雜性，假以時日，便能得到豐厚的饋贈。

這一年，無數人奔波在路上，用力地生活。一個人應當在某一個時刻意識到，當他付出足夠的努力，這就是他榮耀的時刻。經過短暫的休息，戰士厲兵秣馬，夙興夜寐，就要出發，走出能力的邊界，和自己的父兄去困難的主場迎戰，保護自己的母親、愛人和幼子。金戈鐵馬的人生，理應氣吞萬里如虎。

這一年，依舊有很多雜音。有的人有一種能力，能夠接受現實，又始終被熊熊燃燒的火焰照亮。能夠善待值得善待的所有人，又能一眼看穿那些謊言，不同流合污。能夠安於現狀，又不屈服於認知的牢籠。

在一個人寬闊的一生中，河流緩緩前行。這是最普通的一天，卻同樣令人百感交集。一個人站著，哪怕身邊沒有人，也不孤獨。一個人只要不言敗，就沒有什麼力量能讓他屈服。回想起驚心動魄的時刻，尤其以一九九二年為甚。在廣義而言，全國吹響了所有人前進的號角，一個民族的征戰和史詩拉開序幕。在狹義而言，一個少年在黑暗中暗暗起誓，天地生我，絕不令我陷入平庸的一生。我要拼盡全力，帶著自己，帶著家人，帶著自己所珍惜和服務的團隊，前行。

十八歲的我自然不知道考試只是人生面對挑戰中最微不足道的一種。當我暗下決心的時候，我不知道有那麼多平凡而傑出的人整裝待發，奔赴他們的目的地。我自然也不知道，二十九年後的某一日，平淡無奇，卻能首尾呼應。

在那一天燃起的熊熊烈火，直到今天仍然在眼眸中閃爍。我仿佛看到了我的父親、我的母親，他們含辛茹苦，育我長大；我仿佛看到我的兄長，所有的家人、老師，始終凝望著我，以備不時之需果斷援助；我看到了四十六歲的我，在路上；我看到了十八歲的我奮筆疾書，我還看到了每個平常的日子裡，憂心忡忡，但從未屈服的我。

二〇二一年五月二十三日

侯小強

靠譜：
人生突圍的132條自我提升指南

作者：侯小強

總編輯：張國蓮
副總編輯：周大為
責任編輯：李文瑜
美術設計：陳達勳

董事長：李岳能
發行：金尉股份有限公司
地址：新北市板橋區文化路一段 268 號 20 樓之 2
傳真：02-2258-5366
讀者信箱：moneyservice@cmoney.com.tw
網址：money.cmoney.tw
客服 Line@：@m22585366

製版印刷：緯峰印刷股份有限公司
總經銷：聯合發行股份有限公司

初版 1 刷：2023 年 11 月
初版 3 刷：2023 年 12 月

定價：420 元

原著作名：靠譜
本書由天津磨鐵圖書有限公司授權出版，
通過四川一覽文化傳播廣告有限公司代理授權，
限在臺灣地區發行，
非經書面同意，不得以任何形式任意複製、轉載。

國家圖書館出版品預行編目（CIP）資料

靠譜：人生突圍的132條自我提升指南/侯小強著-- 初版.
-- 新北市：金尉股份有限公司, 2023.11
面；　公分. -- (創富；58)
ISBN 978-626-97894-1-2(平裝)
1.CST: 成功法 2.CST: 自我實現
177.2　　112018549

Money錢

Money錢

Money錢

Money錢